PATRICIA KÜLL

Now!

Am liebsten geht es mir gut!

Leichter leben
auch an
grauen Tagen

Scorpio

Inhalt

Sorge für Sonnenstrahlen auch an grauen Tagen! 6

WENIGER STRESS BITTE!

Kleine Impulse zur Entspannung..10
Guck mal, was dich stresst und nervt...12
Übung: Schluss mit Everybody's Darling 16
Probier's mal mit Gemütlichkeit und kleinen Pausen.................18
Übung: Ganz einfach und schnell die Welt aussperren 21
Was bist du dir wert? 25
Drei Säulen, die dich tragen 30
Wie du dich fütterst, so fährst du 32
Hast du gut geschlafen heute Nacht? 39
Lieber gut trainiert als schlecht gelaunt.....................................45
Ein Freund, ein guter Freund 47
Atmen ist Leben 51
Übung: Atme – atme – atme...53
Lachen hilft (fast) immer 56

HIER GEHT ES UM DICH!

HIER GEHT ES UM DICH!

Der wichtigste Mensch in deinem Leben 61
Sei dir wichtig 62
Das Signallämpchen im Bauch 66
  Übung: Na, wer seid ihr denn? 69
Du schaffst das 70
Was passt eigentlich zu dir? 73
  Übung: Ich mach das jetzt nicht mehr! 75
So kommst du in den Flow 77
Eine starke Kraft: Intuition 82
  Übung: Wenn dein Bauch mit dir spricht … 86
Wie rund läuft dein Lebensrad? 88
Herzlich willkommen, ihr Krisen! 92
Wenn aus grauen Tagen eine Depression wird 94
Alte Verletzungen loslassen 98
  Übung: Und tschüs, alte Verletzungen! 101
Was ich dir schon immer mal sagen wollte 103
  Übung: Ich möchte dir sagen, dass … 104

GESTALTE DEINE ZUKUNFT

Gestalte deine Zukunft aktiv 109
Übernimm die Regie in deinem Leben 110
Übung: Wer gibt hier die Anweisungen? 114
Werde der Picasso deines perfekten Lebens 115
Jahr für Jahr einen guten Plan entwickeln 122
Vom Plan in die Tat – tu es einfach! 126
Herzlich willkommen, neue Gewohnheiten 130
Mehr Zeit für das echte Leben 134
Über Geld redet man nicht? 136
Übung: Wie denkst du über Geld? 138
Mach andere glücklich 140
Ist jetzt mal Ruhe da oben! 142
Übung: Geist und Körper zusammenbringen 145
Sei dein Fels in der Brandung 146
Übung: Geburt – Leben – Zerstörung – Erneuerung 148
Drei Zutaten für die Zukunft 150
Wie es dir geht, kannst du maßgeblich beeinflussen 154

Danksagung 156
Über die Autorin 156
Literaturverweise und Inspirationen 157

Sorge für SONNENSTRAHLEN *auch an grauen Tagen!*

Liebe Leserin, lieber Leser, so unterschiedlich wir alle sind, so einig sind wir uns sicherlich bei der Aussage: Am liebsten geht es mir gut! Keiner von uns leidet gerne. Doch das Leben hält nicht nur Sonnenseiten für uns bereit. Ob wir wollen oder nicht, stehen wir auch immer mal wieder auf der Schattenseite. Das können wir nicht vermeiden, aber wir können entscheiden, wie wir damit umgehen.

Graue Tage gibt es. Das ist einfach so. Wenn wir schlecht geschlafen haben, zu viel zu tun haben, gesundheitlich angeschlagen sind, dann ist es schwer, das Bunte und Schöne zu sehen. Vereinzelte graue Tage ziehen vorbei wie ein Gewitter. Sie gehören zum Leben. Solange am nächsten Tag die Sonne wieder lacht und man sich wieder auf den Tag freuen kann, muss man sich keine Gedanken darüber machen. Wenn du aber das Gefühl hast, die grauen Tage werden langsam zur Gewohnheit, solltest du aktiv etwas dagegen tun.
Dieses Buch soll dich dabei unterstützen, so viel Sonne wie möglich in dein Leben zu lassen, damit die grauen Tage keine Dauergäste werden.

Sollten dich allerdings die grauen Tage schon lange und regelmäßig begleiten, dann ist ein Buch vermutlich kein ausreichender Ratgeber mehr. Dann benötigst du vielleicht mehr Unterstützung in Form eines Coaches oder Therapeuten. Ich gehe später detaillierter darauf ein, wo du in diesen Fällen Hilfe bekommen kannst.
Ich selbst hatte in meinem Leben auch Zeiten, in denen ich meinen Alltag als überwiegend grau empfand. Am Anfang war es mir gar nicht aufgefallen, die grauen Tage hatten sich nach zwei Todesfällen in meiner Familie und einer allgemeinen Überforderung immer mehr eingeschlichen. Es ist erstaunlich, wie viel der Kopf verdrängen kann, doch irgendwann reagierte mein Körper. Ich litt unter heftigen Schlafproblemen. Erst nachdem ich monatelang kaum Schlaf gefunden hatte, suchte ich mir therapeutische Hilfe und machte zeitgleich meine Ausbildungen zum diplomierten systemischen Coach und zur Trainerin für Stressmanagement. Seitdem weiß ich, wie viel wir selbst in unserem Leben steuern können.
Im Guten wie im Schlechten.

Wie du aus KRAFTFRESSERN Kraftfutter für dich machst

Vielleicht denkst du jetzt, wie soll ich bei dem Pensum, das ich habe – neben Job, Familie, Haushalt und all den anderen Dingen –, auch noch mein Leben in die gewünschte Richtung steuern und für Sonnenschein sorgen? Die Zeit und vor allem die Kraft sind nun wirklich nicht auch noch da. Aber glaube mir, es lohnt sich, das Steuer in die Hand zu nehmen.

Dieses Buch möchte dich dabei unterstützen. Du bekommst hier in kompakter Form Anregungen und Übungen, die du ohne großen Aufwand in deinen Alltag integrieren kannst. Nimm dir die Zeit, die du brauchst, wann immer es für dich passt. Wenn du regelmäßig kleine Schritte gehst, wirst du erleben, dass dich dein Weg schon bald aus grauem Einerlei in sonnigere Gefilde führen wird. Vielleicht magst du dir für die Übungen ein schönes Büchlein zum Reinschreiben anschaffen. Dann hast du alle Gedanken, die du dir machst, immer beisammen und kannst auch leicht zurückblättern und überprüfen, was sich bei dir bereits verändert hat.

Im ersten Teil des Buches »Weniger Stress bitte!« findest du Übungen, die auf die Schnelle Wolken vertreiben, sodass du einfach mal wieder unbeschwerte Minuten erlebst.

Im zweiten Teil »Hier geht es um dich!« kannst du dich selbst besser kennenlernen. Denn je besser du dich kennst, desto leichter kannst du dafür sorgen, dass du das bekommst oder das tust, was dir wirklich guttut.

Im dritten Teil »Gestalte deine Zukunft« lernst du Übungen kennen, wie du langfristig graue Tage umschiffst. Wenn du dir deine Zukunft so gestaltest, dass du dich darin wohlfühlst, haben es graue Tage deutlich schwerer, wieder bei dir einzuziehen.

Falls du ein ähnlich ungeduldiger Mensch bist wie ich, fängst du vielleicht sofort mit den ersten Übungen an. Wunderbar. Solltest du merken, dass es nach den ersten kleinen Erfolgen Rückschritte gibt, bleibe bitte trotzdem am Ball. Es dauert ein bisschen, bis sich das Grau verzieht. Das ist wie beim Wetter. Bis sich der Nebel in den Tälern verzogen hat und die Sonne über das ganze Land strahlen kann, ist etwas Geduld gefragt. Aber wenn du dranbleibst und den grauen Tagen immer wieder die Rote Karte zeigst, dann werden auch bei dir schon bald die Sonnentage überwiegen. Damit will ich nicht sagen, es sei leicht, eingetretene Pfade zu verlassen. Aber ist es nicht besser, auf neuen Wegen ab und zu etwas mühsam voranzukommen, als auf alten Pfaden auf der Stelle zu treten?
Du kannst den Raum für mehr Sonnenstrahlen in deinem Leben schaffen, damit die grauen Tage nur durchreisende Gäste bei dir sind.
Ich freue mich, dass ich dich mit diesem Buch einen Teil deines Weges begleiten kann. Setze den grauen Tagen Grenzen, bevor sie sich ausbreiten können, und bereite damit Platz für Sonnenschein. Damit es dir immer öfter richtig gut geht.

WENIGER STRESS BITTE!

Kleine IMPULSE *zur Entspannung*

»Ich habe gerade Stress« oder »Ich bin total im Stress«. Aussagen wie diese hört man in unserer schnelllebigen Zeit häufig. Es gibt Menschen, die empfinden Stress als schick, denn für sie ist es ein Zeichen, dass sie wichtig und gefragt sind. Doch für die meisten ist Stress eine der Hauptursachen für Erschöpfung und Krankheiten.

Tage, die dir grau und bleiern vorkommen, haben oft ihren Ursprung in zu viel Stress. Wenn du von einem Termin zum anderen hetzt, fehlt die Zeit, um auf dich und deinen Körper zu achten. Wenn das ab und zu passiert, wird Stress keine Folgen haben. Aber wenn du praktisch ständig im Dauerlauf durch dein Leben hetzt, wirst du irgendwann körperliche oder psychische Folgen wie Schlafstörungen, Kopfschmerzen oder sogar depressive Verstimmungen spüren. Dabei gibt es unzählige Möglichkeiten, dem Stress etwas entgegenzusetzen, und genau dazu möchte ich dich jetzt anregen. In diesem Kapitel findest du viele kleine Impulse und Übungen, die du problemlos in deinen Alltag integrieren kannst und die schnell für Entspannung sorgen. Damit kannst du sofort loslegen und so jeden Tag für ein bisschen weniger Stress in deinem Leben sorgen.

Manche Impulse werden dir vielleicht ein wenig trivial vorkommen, aber tatsächlich sind es gerade die »Basics« wie Schlaf, Ernährung, Bewegung und Ähnliches, die uns in stressigen Zeiten die Lebensfreude erhalten können – oder eben auch nicht. Denkst du in stressigen Zeiten auch öfter, dass dir nur noch ein wochenlanger Urlaub helfen kann, deine Akkus wieder auszuladen? Dann wirst du bestimmt erstaunt sein, was du mit vielen kleinen Minuten-Auszeiten während des Tages erreichen kannst. Wenn du regelmäßig ganz gezielt viele kleine Pausen für dich nutzt, wirst du schon bald wieder mit einem Lächeln und vielen guten Gedanken durchs Leben gehen.

Fühlst du dich oft müde und ausgepowert? Vermutlich ist deine To-do-Liste immer ein bisschen zu lang.

Guck mal, was DICH STRESST *und nervt*

Stress definieren wir alle ganz unterschiedlich. Während die einen scheinbar locker ganz viele Bälle gleichzeitig in der Luft halten, bekommen andere schon Stresspusteln, wenn sie Aufgaben unter Zeitdruck bewältigen sollen. Deswegen ist es wichtig, genau hinzuschauen, was dich stresst. Und dann Wege zu finden, wie du Stress vermeidest bzw. wie du am besten mit ihm umgehst.

Immer häufiger werden Menschen mit Krankheiten, die auf Stress zurückzuführen sind, krankgeschrieben. Das berichten die Krankenkassen in Deutschland, die diese Tendenz seit Anfang des 21. Jahrhunderts feststellen. Ein Grund dafür liegt sicherlich in der Digitalisierung. Nichts hat unser Leben in den vergangenen Jahren so sehr verändert. Die mobile Kommunikation erleichtert unseren beruflichen und privaten Alltag an vielen Stellen, aber das Leben wird dadurch gefühlt auch immer schneller. Und immer häufiger macht sich bei vielen das Gefühl breit, dem Ganzen nicht mehr gewachsen zu sein. Denn ununterbrochen müssen E-Mails gecheckt und sofort beantwortet werden, das Handy klingelt häufiger, und über WhatsApp oder Facebook kommen Dutzende kleine Fragen, Anliegen und Kommentare von Familienmitgliedern und Freunden.

In meinen Stressmanagement-Seminaren empfehle ich allen Teilnehmern, eine »SFZ« einzurichten. Eine »störungsfreie Zeit«, in der in aller Ruhe und ohne Unterbrechungen von Kollegen oder dem Telefonklingeln gearbeitet werden kann. Oft höre ich Aussagen wie »Das geht nicht, ich muss immer erreichbar sein«, aber ich kenne viele Firmen, in denen diese SFZ eingeführt wurde und von allen nicht nur akzeptiert, sondern als sehr wohltuend und stressreduzierend wahrgenommen wird. Vielleicht muss man sich nur einmal trauen, diesen Schritt zu machen. Es ist auf jeden Fall ein großer Schritt weg vom Stress. Auch ich persönlich schalte, wenn ich konzentriert arbeiten muss, alle Geräte aus, die mich in meiner Konzentration stören könnten. Auf diese Weise kann ich sehr viel effizienter arbeiten und nutze die »gesparte« Zeit für eine sinnvolle Pause. Das ist für mich eine eigentlich ganz einfache, aber wirkungsvolle Möglichkeit,

Es gibt Studien, die belegen, dass man nach einer Störung, und sei es nur ein »bling« des Handys, sieben Minuten benötigt, um seine Konzentration wieder auf das gleiche Level zu bringen wie vor der Störung.

meinen Stresslevel unten zu halten. Doch an sich ist Stress ja nichts Schlechtes. Es ist so etwas wie ein Turbo-Gang, den der Körper einschalten kann, um in besonderen Situationen Höchstleistungen abliefern zu können. Nur wenn man dauerhaft im hohen Tempo im Hamsterrad unterwegs ist und es keine Entspannungsphasen mehr gibt, dann fühlt man sich irgendwann ausgelaugt, genervt und überfordert. Wenn diese Gefühle häufiger bei dir auftreten, ist dein Stresslevel vermutlich sehr hoch.

Schon mal etwas von Stressoren gehört?

Mit einem hohen Stresslevel bist du in bester Gesellschaft. Laut einer großen Stressstudie der Technikerkrankenkasse aus dem Jahr 2016 leiden 60 Prozent der Befragten unter Stress. Am häufigsten fühlen sich Menschen, die voll im Berufsleben stehen, gestresst. Und so zählen zu den größten Stressursachen, auch Stressoren genannt, die beruflichen Herausforderungen. Doch schon an zweiter Stelle ist jeder selbst sein größter Stressor. 43 % der Befragten gaben an, sich selbst zu sehr unter Druck zu setzen und ihren Stress also selbst zu produzieren. Vielleicht gehörst du auch zu den Menschen, die immer alles perfekt machen wollen, die sehr hohe Erwartungen an sich selbst stellen und schlecht »Nein« sagen können. Wenn dann noch andere Stressursachen wie Konflikte oder pflegebedürftige Eltern dazukommen – denn Stress hat selten nur eine Ursache – ist es eigentlich kein Wunder, wenn der Körper oder die Seele irgendwann einmal streiken.

Stress macht krank – den Körper und die Seele

Erstaunlich ist nur, dass viele den Stress einfach hinnehmen. Vielleicht sind sie sich nicht darüber bewusst, dass dauerhafter Stress für zahlreiche Erkrankungen die Ursache sein kann. Rückenschmerzen und Verspannungen, Erschöpfungszustände und Schlafstörungen, Kopfweh, Nervosität, Bluthochdruck und depressive Verstimmungen sind die häufigsten Beschwerden, die während oder nach stressigen Phasen auftauchen.

Wenn du das Gefühl hast, dass dir gerade alles zu viel wird, oder wenn du bereits mit einigen

»Magengeschwüre bekommt man nicht von dem, was man isst, man bekommt sie von dem, wovon man aufgefressen wird.«

Lady Mary Wortley Montagu

dieser Symptome Bekanntschaft gemacht hast, dann lege deine persönliche Rankingliste mit Stressfaktoren an. So kannst du auf einen Blick sehen, wo die Ursachen liegen.

Wie gehst du mit Stress um?

Viele Ursachen für Stress lassen sich schlecht oder nur langsam verändern. Nicht immer kann man kündigen und sich eine neue Stelle suchen, wenn der Chef einem auf die Nerven geht. Wenn ein geliebter Mensch eine schwere Krankheit hat, belastet dies nun einmal. Das heißt aber nicht, dass man Stress grundsätzlich so hinnehmen muss. In vielen Fällen ist es durchaus möglich, dem Stress etwas entgegenzusetzen. Dazu findest du Anregungen in den nächsten Kapiteln.

Wenn du genau wissen möchtest, welche Bereiche deines Lebens du gerade als besonders anstrengend empfindest, dann ist ein erster Schritt eine Bestandsanalyse: Was stresst dich in welchem Ausmaß? Nimm dir von deiner persönlichen Stress-Rankingliste die Punkte vor, die auf »rot« stehen, und unterteile sie in kleinere Bereiche. Wenn dich beispielsweise deine eigenen Ansprüche sehr stressen, dann überlege dir, welche Ansprüche es im Einzelnen sind. Muss der Haushalt immer tipptopp sein? Oder erwartest du von dir, dass du immer alles im Griff hast? Oder nimmst du zu viele Anfragen an, weil du schlecht »Nein« sagen kannst? Je detaillierter du angeben kannst, was dich stresst, desto eher kannst du etwas verändern.

Kleine Veränderungen bringen übrigens oft ganz viel. Also habe keine Angst davor, dass du dein ganzes Leben umkrempeln müsstest. Einer Klientin von mir hat schon ein kleiner Satz geholfen, sie aus den schlimmsten Stressfallen zu holen. Sie ist selbstständig und wurde oft

gefragt, ob sie an bestimmten Tagen Aufträge übernehmen könne. Da sie sich schwer damit tut, »Nein« zu sagen, hat sie oft viel zu viele Aufträge angenommen und fühlte sich allein durch die Fülle gestresst. Seit einiger Zeit behauptet sie bei jeder Anfrage, dass sie den Termin bereits für jemand anderen optioniert habe; dass sie nachfragen werde, ob es dabei bleibe, und dass sie sich wieder melden werde. Diese Zeitspanne zwischen Anfrage und Antwort gibt ihr die Möglichkeit zu überlegen, ob sie den Auftrag wirklich annehmen kann und will, und wenn nicht, kann sie sich in aller Ruhe einen Grund für die Absage überlegen. Oft sind es winzige Veränderungen, die viel bringen.
Hier gilt wie auch bei vielen anderen Übungen: Je genauer du weißt, was dich stresst, desto besser kannst du etwas dagegen tun.

Lerne deine persönlichen Stressoren kennen

Um herauszufinden, was deine persönlichen Stressoren sind, kannst du dir eine Rangliste machen mit den Bereichen, die dich am meisten unter Strom setzen. Nimm die Bereiche erst mal als Ganzes. Aber vielleicht stresst dich manches nur beruflich und anderes nur privat. Dann schreibe dir das in Klammern dazu. Die häufigsten Stressursachen für die Menschen im deutschsprachigen Raum sind

Beruf

Die eigenen Ansprüche

Freizeitstress (zu viele Termine in der Freizeit)

Teilnahme am Straßenverkehr

Ständige Erreichbarkeit

Schwere Krankheiten in der Familie

Konflikte

Arbeitsbelastung im Haushalt

Kindererziehung

Finanzielle Sorgen

Betreuung pflegebedürftiger Angehöriger

Welche dieser Faktoren sind für dich ausschlaggebend, dich gehetzt und unausgeglichen zu fühlen? Male hinter jeder Ursache einen farbigen Punkt. Rot für »stresst mich sehr«, gelb für »stresst mich mittelmäßig« und grün für »stresst mich nicht oder kaum«. Mit dieser Stressampel siehst du sofort, welche Ursachen für Stress in deinem Leben dominant sind.

Schluss mit Everybody's Darling
LERNE, NEIN ZU SAGEN

Übungsanleitung

Wie oft denkst du bei Anfragen: »Nein, das will ich nicht tun«, und dann machst du den Mund auf, und heraus fällt ein »Ja«? Wenn du oft Dinge machst, die du eigentlich nicht machen willst, dann übe dich im »Neinsagen«. Das wird dich am Anfang Überwindung kosten, aber du wirst dafür belohnt mit mehr Zeit, in der du das machen kannst, was dir wirklich guttut.

- Erstelle eine Liste, auf der du Dinge notierst, die du oft, aber nicht gerne machst. Das gilt beruflich wie privat. Zum Beispiel den Kuchenverkauf für einen guten Zweck in Kindergarten, Schule oder Sportverein deines Nachwuchses. Schreibe auch die Dinge auf die Liste, die du eigentlich ganz gerne machst, für die du aber keine Zeit (mehr) hast. Diese Punkte können dich beim Neinsagen motivieren. Denn wenn du weniger von dem machst, was du ungern tust, hast du mehr Zeit für das, was dir am Herzen liegt.

- Vermerke nun hinter jedem Punkt, ob du diese Dinge vielleicht, sicher oder ganz, ganz sicher nicht mehr machen möchtest. Ein »ganz, ganz sicher nicht mehr« bekommt auf meiner Liste immer ein dickes »NO-NO«.

- Überlege dir nun, warum du diese Dinge nicht mehr machen kannst. Oft haben wir schlicht keine Lust mehr dazu. Das ist okay, kommt bei anderen aber meist nicht gut an. Deswegen überlege dir, welche Gründe du noch anführen kannst. Es gibt bestimmt noch andere Beweggründe, die einem auf die Schnelle aber oft nicht einfallen. Und dann wird zu oft aus dem gedachten »Nein« ein kleinlautes »Ja«. Aber wenn du dich schon im Vorfeld auf ein »Nein« eingestellt hast und auch eine plausible Erklärung dafür ablieferst, wird dir das »Nein« leichter fallen.

- Bei Anfragen, die spontan an dich herangetragen werden, mache es wie meine Klientin: Bitte dir Bedenkzeit aus. Ein vorbereiteter Satz wie »Lass mich überprüfen, ob ich wirklich ausreichend Zeit habe, um diese Aufgabe gut zu erledigen« bewahrt dich davor, zu schnell »Ja« zu sagen. Dann kannst du in Ruhe überlegen, ob du diese Aufgabe wirklich übernehmen möchtest.

- Und wenn du doch mal wieder »Ja« gesagt hast, obwohl du eigentlich »Nein« sagen wolltest, dann traue dich einfach, dein »Ja« rückgängig zu machen. Das muss natürlich möglichst schnell geschehen und nicht erst kurz bevor das Schriftstück oder der Kuchen abgegeben werden soll. Aber wenn du dem anderen erklärst, dass es dir gerade einfach zu viel wird, müsste er dafür Verständnis aufbringen. Vielleicht verschafft dir das anfangs noch ein schlechtes Gewissen. Dann überlege dir, was wichtiger ist: allen zu gefallen und dabei über die eigenen Energiereserven zu gehen oder gut für dich selbst zu sorgen?

Probier's mal mit GEMÜTLICHKEIT *und kleinen Pausen*

»Probier's mal mit Gemütlichkeit, mit Ruhe und Gemütlichkeit, und schmeiß die blöden Sorgen über Bord.« Singt Bär Balu im »Dschungelbuch«. Dass das gar nicht so einfach ist, weiß jeder, der nicht im Dschungel lebt und nur Bananen futtert. Dennoch ist die Lebenseinstellung von Balu durchaus nachahmenswert, denn kleine Pausen sind ein gutes Mittel, um an Schattentagen die Sonne zu spüren.

Stress ist mit Sicherheit ein Grund dafür, wenn wir die schönen Dinge im Leben nicht mehr erkennen können. Stress ist nichts Neues, schon die Menschen in der Steinzeit kannten dieses Phänomen. Und das war gar nicht so schlecht. Im Gegenteil. Denn wenn plötzlich ein Mammut vor einem stand, konnte man sein Leben nur retten, indem der Körper ausreichend Adrenalin ausschüttete. Dieses Stresshormon sorgte und sorgt dafür, dass das Herz schneller schlägt und die Muskelspannung steigt. Dadurch ist der Mensch bei der Flucht zu Höchstleistungen fähig. Stress ist also etwas ganz Natürliches und oft auch etwas Positives. Wenn wir sehr motiviert und voller Freude an eine Aufgabe herangehen, sorgt das Adrenalin, dass der sogenannte sympathische Teil des vegetativen Nervensystems zu Hochform aufläuft und wir zu außergewöhnlichen Leistungen imstande

sind. Dann spricht man vom guten, dem sogenannten Eustress.
Doch es gibt eben auch den schlechten, den Disstress, der als belastend empfunden wird. Die Auslöser für Disstress sind ganz unterschiedlich. Es kommen körperliche Stressoren infrage, entstanden durch äußere Einflüsse, wie zum Beispiel Lärm, Schmerz oder Schlafmangel. Menschen, die in der Nähe von Flughäfen oder Eisenbahnschienen leben, berichten verstärkt über Stresssymptome.
Weitere Stressoren sind Konflikte, Perfektionismus oder Überforderung. Hier spricht man von seelischem Stress.
Es gibt aber auch den sozialen Stress, der zum Beispiel durch Probleme in der Familie oder im Beruf ausgelöst wird.
Neben den gesundheitlichen Folgen verändert dauerhafter Stress über kurz oder lang das Verhalten. Ich hatte bereits erwähnt, dass gestresste Menschen nervös, leicht reizbar und unruhig sind. Darüber hinaus sinkt ihre Leistungsfähigkeit, die Konzentration nimmt ab, und auch die Energie und die Kreativität verringern sich spürbar.
Bei dauergestressten Menschen haben graue Tage also leichtes Spiel. Denn wer die Arbeit und den Alltag zunehmend als Belastung empfindet und sich überfordert fühlt, bei dem können Traurigkeit, Antriebslosigkeit, Unzufriedenheit und Angstgefühle problemlos einziehen.

Wo stehst du auf der Stressampel?

Ich nehme einmal an, dass du auf deiner Stressampel in mindestens einem Bereich, aber vermutlich in mehreren auf »rot« stehst. Wenn das so ist, wird es Zeit für dich, den natürlichen Feind des Phänomens Stress kennenzulernen: die Pause, die Ruhe oder die Rast. Stress kann nur groß werden und wachsen, wenn er dabei von keinen Pausen gestört wird. Wenn du also für Pausenzeiten in deinem Alltag sorgst – und seien sie noch so klein – und alles etwas gemütlicher angehst, kannst du dem Stress wirksam etwas entgegensetzen.

Mach mal Pause

Viel negativer Stress sorgt in der Regel für viele graue Tage. Nun kannst du manche Stressoren wie Lärm oder Konflikte nicht einfach abstellen, aber du kannst im ausgeruhten Zustand besser mit ihnen umgehen. Glücklicherweise ist es nicht nötig, gleich vier Wochen oder länger in den Urlaub zu gehen. Viele kleine Pausen über den Tag verteilt sollen sogar nachhaltiger entstressen als ein langer Urlaub.
Ich habe mir angewöhnt, im Laufe des Tages häufiger kurz innezuhalten und den Moment mit allen Sinnen zu erfassen. Wenn ich morgens die Betten mache und in allen Zimmern die Fenster zum Lüften öffne, bleibe ich an einem Fenster kurz stehen und gönne mir eine »Gartenpause«. Von oben erforsche ich meinen kleinen Garten und suche nach Veränderungen. Es

»Denke immer daran, dass es nur eine wichtige Zeit gibt: Heute. Hier. Jetzt.«

Leo N. Tolstoi

gibt jeden Tag etwas Neues zu bewundern. Hier übersehe ich bewusst all das, was im Garten getan werden müsste. Stattdessen lenke ich meine Aufmerksamkeit auf das, was mir das Stückchen Grün gerade bietet. Selbst im November oder im Februar gibt es jeden Tag etwas, was mich erfreut. Diese kleine Pause dauert immer nur wenige Minuten, und so kann ich sie mir jeden Tag gönnen, egal wie eilig ich es gerade habe.

Raus in die Natur

Die Natur ist insgesamt ein tolles Gegenmittel gegen Stress. Das ist wahrlich nichts Neues. Dennoch glauben viele gestresste Menschen (Männer genauso wie Frauen), sich mit einer Shoppingtour durch die Stadt etwas Gutes zu tun. In meinen Stress-Hochzeiten dachte ich das auch – nur um nach ein paar Stunden noch gestresster nach Hause zurückzukommen. Wenn du dir also schnell etwas Gutes tun willst, gehe einfach mal wieder raus in die Natur. Ein Spaziergang im Park oder im Wald füllt die Energiereserven schnell wieder auf. Vorausgesetzt allerdings, du bist mit den Gedanken nicht beim blöden Chef, der nörgelnden Nachbarin oder deiner Liste an Dingen, die du an diesem Tag noch abarbeiten musst. Versuche deshalb bewusst, mit allen Sinnen die Natur wahrzunehmen: Welche Farbe hat der Himmel, welche Formen haben die Wolken, wie riecht der Wald, welche Geräusche machen die Tiere? Versuche die grauen Gedanken ganz bewusst auszublenden. Und auch wenn du glaubst, dir fehle die Energie für einen Spaziergang – wenn du dich lieber auf die Couch verziehen möchtest mit Schokolade und Rotwein –, gerade dann solltest du dich selbst ein wenig schubsen. Denn die Bewegung an der frischen Luft tut deiner Seele besser als Schokolade (zur Not könntest du die Schokolade auch mitnehmen). Wenn du es schaffst, mindestens einmal in der Woche eine halbe Stunde die Natur mit allen Sinnen in dich aufzunehmen, wirst du spüren, wie sehr sie dich stärkt. Eine Chefsekretärin in einer großen Verwaltung macht zum Beispiel, seitdem sie ein Seminar bei mir besucht hat, in möglichst vielen Mittagspausen einen Spaziergang an der Mosel. Und sie schreibt mir regelmäßig begeistert, wie gut ihr das tut. Davor hatte sie ihre Mittagspausen immer mit einem Sandwich vor dem Computer verbracht und sich abends und am Wochenende Arbeit mit nach Hause genommen. Das vermeidet sie nun auch, wenn es irgendwie geht. Seitdem steht sie deutlich häufiger auf der Sonnenseite. Apropos Sonne: Spaziergänge in der Natur sind natürlich zu jeder Jahreszeit eine tolle Auszeit für die Seele.

Mit jeder kleinen, bewussten Pause, die du einlegst, stärkst du dich selbst. Und je stärker du wirst, desto mehr Kraft hast du für den Alltag.

Ganz einfach und schnell die Welt aussperren
PAUSE FÜR DIE AUGEN

Übungsanleitung

Unsere Augen sind Hochleistungssportler. Sie sind sozusagen unsere Fenster zur Welt. Über sie nehmen wir 80 Prozent unserer Informationen und Sinneseindrücke auf. Wenn wir ihnen eine Pause gönnen, kann der gesamte Organismus zur Ruhe kommen. Deswegen schließe nicht nur nachts beim Schlafen die Augen, sondern auch tagsüber, wann immer sich die Gelegenheit bietet – im Bus, in der Warteschlange oder im Aufzug.
Auch zwischendurch im Büro kannst du deinen Augen immer wieder eine Pause gönnen. Dafür brauchst du nur eine Minute. Das aber am besten mehrfach am Tag.

- Setze dich aufrecht am Rand deines Bürostuhls (oder irgendeines Stuhls) hin.

- Atme ruhig in deinen Bauch.

- Reibe deine Handflächen fest aneinander.

- Schließe nun die Augen und halte die warmen Handflächen schützend über deine Augenlider, bis die Wärme nachlässt.

- Wiederhole das Reiben und Auflegen mehrfach hintereinander.

Diese Übung ist besonders gut für alle, die täglich viele Stunden am Computer sitzen. Aber auch alle anderen sperren mit dieser kleinen Übung für einen Moment die Außenwelt aus. So kannst du dich auf dich selbst besinnen.

RAUM
für
Träume

SCHNELLE FREUDEN AN GRAUEN TAGEN

»Bei akuter Armut hilft nur gesunder Luxus«, sagte mein Vater immer, wenn die Geschäfte mal wieder schlecht gingen. In Anlehnung daran würde ich dir gern sagen: In akuten Krisen hilfst du dir selbst mit gesundem Egoismus. Sorge jetzt besonders gut für dich und mache viele kleine schöne Dinge – nur für dich. Gerade wenn wir unter Stress stehen und Sorgen haben, vergessen wir leicht, was uns Freude bereitet und wie wir uns auf die Schnelle etwas Gutes tun können.
Schreibe dir deshalb eine Erste-Hilfe-Liste mit lauter kleinen Freuden, auf die du im Notfall zurückgreifen kannst. Versuche jeden Tag so viel wie möglich, aber mindestens eins davon in deinen Alltag zu integrieren.
Deine Erste-Hilfe-Freudeliste könnte so aussehen:

- 5-Minuten-Pause, Augen schließen, an etwas Schönes denken
- Zeit nehmen für eine gute Tasse Tee
- Abends vor dem Schlafengehen im Kerzenschein duschen
- Alle Gedanken unsortiert und schnell niederschreiben
- Ein Spaziergang in der Natur
- Lieblingsmusik auflegen und Emotionen rauslassen
- Fünf Minuten Stille genießen
- Einfach mal in sich hineinhorchen und feststellen, welche Gefühle gerade da sind und vielleicht rauswollen

Bestimmt findest du noch mehr Dinge, die dir Freude bereiten. Wenn du ein Büchlein für all deine Gedanken hast, schreibe deine Freudeliste dort hinein. Dann findest du sie in »Notzeiten« schnell wieder.

Schön,
dass es mich
gibt.

Was BIST DU dir wert?

Nur zu oft sind wir versucht, den materiellen Wert von Dingen einzuschätzen: Was hat wohl die neue Uhr des Kollegen gekostet? Oder das neue Auto? Oder die neue Tasche? Doch das Wort Wertschätzung im eigentlichen Sinne hat in unserem Leben oft an Bedeutung verloren. Dabei ist dies ein wichtiger Schlüssel für mehr Leichtigkeit im Leben.

Gibt man das Wort »Wertschätzung« bei Google ein, erhält man über fünfeinhalb Millionen Treffer. Laut Duden online bedeutet das Wort Ansehen, Achtung, Anerkennung und hohe Einschätzung. Eine kleine Randbemerkung hat mich stutzig gemacht: Bei Häufigkeit hat das Wort nur zwei von fünf möglichen Balken. Das bedeutet, dass das Wort zu den 100 000 häufigsten Wörtern im Dudenkorpus gehört, aber nicht zu den Top 10 000. Nur ein Balken trennt »Wertschätzung« von der Gruppe, die jenseits der Top 100 000 liegt und nur selten oder gar nicht im Dudenkorpus belegt ist.

Das Wort an sich gehört also nicht gerade zu den sehr häufig benutzten Wörtern, und auch die Bedeutung bekommt meiner Meinung nach viel zu wenig Beachtung. Viele halten es bekanntlich mit dem flapsigen Satz »Nicht geschimpft, ist genug gelobt«. Das ist schade, denn ich empfinde Wertschätzung als ein Geschenk, mit dem ich anderen eine Freude bereiten kann – und mir selbst auch.

Grundsätzlich bezeichnet Wertschätzung die positive Akzeptanz eines anderen Menschen. Oft tun wir uns leichter, jemanden für das, was er TUT, wertzuschätzen. Wenn wir einen Schritt weitergehen wollen, dann bringen wir jemandem unabhängig von seinem Verhalten Wertschätzung entgegen. Der andere muss also nicht irgendwas Spektakuläres leisten, man schätzt ihn für das, was er ist, und nicht für das, was er tut. Damit erkennen wir andere grundlegend und bedingungslos an, doch damit tun wir uns oft schwer.

Oft liegt unsere mangelnde Wertschätzung anderer aber auch daran, dass wir es nie gelernt haben, uns selbst wertzuschätzen.

Und wer sich selbst nicht so annehmen kann, wie er ist, hat dabei natürlich auch bei anderen so seine Probleme. Glücklicherweise ist Wertschätzung keine angeborene Tugend. Man kann sie also lernen oder verbessern.

Wertschätzung verändert deinen Blick aufs Leben

Wer einmal angefangen hat, sich selbst und andere wertzuschätzen, wird feststellen, dass sich der Blick aufs Leben verändert. Ich glaube, es ist der liebevollere Blick, den man auf andere und sich selbst wirft, der das Leben regelrecht erleichtert. Wie oft höre ich von Kollegen oder Freunden die vorwurfsvolle Frage, warum ein anderer denn nicht dies oder jenes getan hätte. Das wäre so viel besser gewesen. Ich antworte dann immer, dass derjenige sein Bestes gegeben hat. Mehr war ihm nicht möglich. Diese liebevolle Einstellung und der feste Glaube daran, dass der andere eben nicht mehr geben konnte, dass es sein Bestes war (auch wenn es in meinen Augen vielleicht nicht genug war), entspannt viele Situationen.

Selbstwertschätzung – sich selbst als wertvoll erachten

Doch wie schafft man es, sich selbst davon zu überzeugen, dass man ein wertvoller Mensch ist? Dass man liebenswert ist für das, was man ist, und nicht für das, was man tut? Dass man nicht erfolgreich sein muss oder sich ständig für andere aufopfern muss. Die Menschen, die sich selbst liebevoll akzeptieren können, haben es meist in ihrer Kindheit gelernt. Und was machen die anderen? Die, die es eben nicht gelernt haben?
Wenn du zu den Menschen gehörst, die Probleme damit haben, sich selbst wertzuschätzen, kannst du dich darin üben, deinen Blick auf deine Stärken zu werfen. Meistens konzentrieren sich Menschen mit einem geringen Selbstwertgefühl auf ihre Schwächen. Sie bewerten sehr stark, was sie alles nicht können und was sie hätten besser machen müssen. Und vergessen dabei völlig ihre Stärken. Oder sie sehen eigene Stärken als vermeintliche Schwächen.

Wertschätzend kommunizieren

Mit unserer Sprache können wir verletzen. Das weiß jeder, der schon einmal mit einem anderen gestritten hat. Doch unsere Sprache kann auch helfen, Konflikte zu lösen. Der Begründer der sogenannten Gewaltfreien Kommunikation ist der Amerikaner Marshall Rosenberg. In seinem Modell geht es darum, einander wirklich zuzuhören und sich aufrichtig mitzuteilen.
So kann man in Konfliktsituationen Lösungen finden. Es geht nicht darum, bei einem Streit zu gewinnen oder zu verlieren. Die Gewaltfreie Kommunikation – kurz GFK – wird auch die Sprache des Herzens genannt.

Rosenberg sieht es als einen Prozess, der zunächst dafür sensibilisiert, was Worte ausrichten können. Im Guten wie im Bösen. Ein Satz kann Beziehungen zerstören. Ein Satz kann aber auch Abgründe überwinden. Als Symbole für diese unterschiedlichen Arten der Kommunikation hat Marshall Rosenberg die Giraffe und den Wolf eingeführt. Die Giraffe symbolisiert ein mitfühlendes, freundliches, aber auch kraftvolles und ehrliches Verhalten, das in Verbindung mit dem Gegenüber ist. Der Wolf steht für ein aggressives, gewaltvolles Agieren, das Menschen eher trennt als verbindet. Wenn du wertschätzend kommunizieren möchtest,

Schreibe dir einmal alle deine Stärken auf. Dabei kannst du deine Bescheidenheit für einen Moment zur Seite legen. Die Liste wirst nur du sehen, von daher kannst du ohne das Gefühl zu haben anzugeben wirklich alle deine Stärken auflisten. Überlege, was du alles gut kannst. Organisieren? Auf Menschen eingehen? Backen? Schnell und strukturiert arbeiten? Kannst du gut zuhören oder nähen oder andere zum Lachen bringen? Jeder Mensch hat so viele Talente, über die er sich meistens gar keine Gedanken macht.

Vielleicht ist deine Liste am Anfang noch kurz, weil du es nicht gewohnt bist, über deine Stärken nachzudenken und zu reden. Dann schenke dir selbst etwas mehr Zeit, um darüber nachzudenken. Vielleicht hast du auch Stärken und Talente, die du selbst nicht so wahrnimmst. Weil für dich nur »Perfektes« als Stärke gilt? Wie hoch setzt du den Maßstab bei dir selbst? Überlege noch einmal, was du vielleicht nicht perfekt, aber doch gut kannst? Betrachte dich und deine Talente einmal mit einem liebevollen Blick. Ich bin mir sicher, dass du viele Stärken finden kannst. Eine Freundin beklagte oft, dass sie so eine schlechte Plätzchen-Bäckerin sei. Ich muss zugeben, dass ihre Plätzchen keinen Schönheitswettbewerb gewonnen hätten, aber sie haben großartig geschmeckt. Und darum geht es schließlich. Sie hat also ganz bestimmt ein Talent, hässliche, aber leckere Plätzchen zu backen. Das kann auch nicht jede.

Und nun wende dich deinen Schwächen zu. Das fällt (leider) vielen leichter. Schreibe alle deine Schwächen auf. Bist du ungeduldig, unmusikalisch oder unstrukturiert? Und jetzt schaue dir deine Schwächen genau an. Was davon ist wirklich wichtig im Leben? Einige Schwächen kannst du bestimmt streichen, weil sie keine Bedeutung haben. Ich selbst bin zum Beispiel

sprichst du über deine Beobachtungen, berichtest von deinen Gefühlen, deinen Bedürfnissen und äußerst Bitten. Ein Wolf hingegen bewertet und kritisiert, (ver)urteilt, interpretiert und fordert. Wenn du in Konflikten deine Worte achtsam und bewusst wählst, wenn es dir nicht darum geht, den anderen zu verletzen, bist du auf dem besten Weg, wertschätzend zu kommunizieren. Diese Art der Kommunikation ist natürlich nicht nur für Konfliktsituationen reserviert. Dem anderen aufrichtig zuzuhören und sich selbst ehrlich mitzuteilen, ist grundsätzlich eine gute Basis für jedes Gespräch. Mit sich selbst wertschätzend zu kommunizieren, sich selbst mal zu loben und nicht immer nur zu kritisieren, gehört übrigens auch dazu. Es gibt in vielen Städten Kurse, in denen man wertschätzende Kommunikation nach Marshall Rosenberg lernen kann. Links zu den beiden Dachverbänden in Deutschland findest du am Ende des Buches.

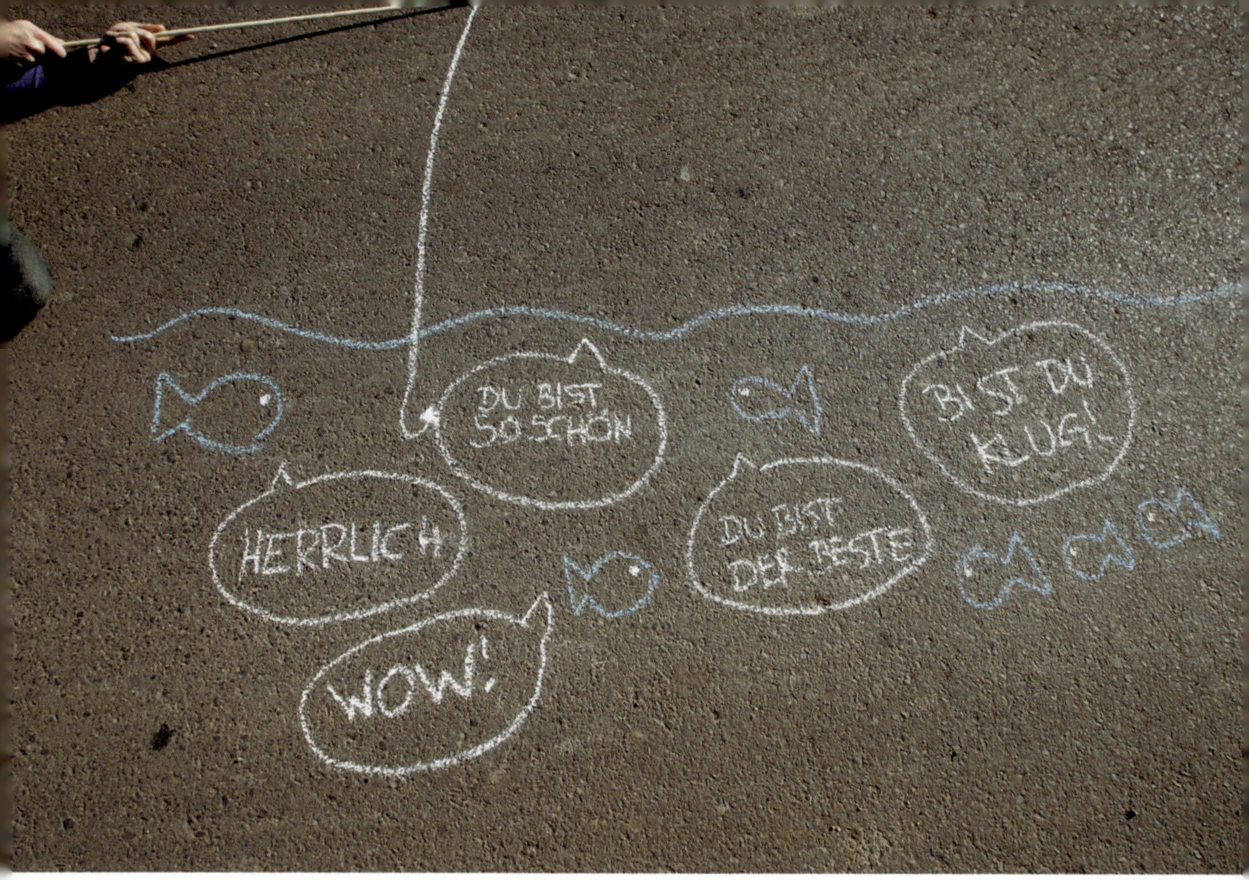

völlig unmusikalisch. Ich kann nicht einmal im Takt klatschen. Wenn ich Musiklehrerin wäre, wäre das ungünstig, aber als Redakteurin und Coach spielt diese Schwäche keine Rolle.

Vielleicht sind Schwächen auch Stärken?

Und nun schaue dir deine vermeintlichen Schwächen noch einmal an. Sind das wirklich alles Schwächen? Oder verbergen sich dahinter nicht auch Stärken? Eine Kollegin von mir bedauert immer wieder, dass sie so wenig strukturiert und organisiert ist. Sie leidet regelrecht darunter, dass sie in diesem Bereich anderen Kolleginnen nicht das Wasser reichen kann. Menschen, die nicht so strukturiert arbeiten, sind dafür oft geniale Troubleshooter. Und so ist das bei dieser Kollegin auch. Sie reagiert bei Problemen, die schnell eine Lösung brauchen, wesentlich entspannter und erfinderischer als alle anderen im Büro. Eben deswegen, weil sie nicht zuerst eine Struktur benötigt, um eine Lösung zu finden. Ihrer vermeintlichen Schwäche »zu wenig organisiert und strukturiert« kann sie eine tolle Stärke gegenüberstellen. Und wenn sie es jetzt noch schaffen würde, ihren Fokus mehr auf diese Stärke zu lenken als auf ihre Schwäche, dann hätte sie einiges für ihr Selbstwertgefühl und die eigene Wertschätzung getan. Ich bin mir sicher, dass auch du mancher (vermeintlichen) Schwäche eine tolle Stärke

gegenüberstellen kannst. Und vielleicht schaffst du es nach und nach, dich mehr für deine Stärken zu loben, als für deine Schwächen zu kritisieren.
Wenn du deine Liste mit Stärken und Schwächen zusammengestellt hast, lege sie auf deinen Nachttisch und überlege dir abends, was du an diesem Tag gut gemacht hast. Blende die üblichen Gedanken, was dir weniger gut gelungen ist, für ein paar Wochen aus. Du sollst natürlich nicht völlig unkritisch dir selbst gegenüber werden, aber um dein Selbstwertgefühl wachsen lassen zu können, sind selbstkritische Gedanken erst einmal fehl am Platze. Die kannst du (in Maßen) wieder zulassen, wenn du gelernt hast, dich und deine persönlichen Eigenheiten liebevoll zu akzeptieren.

Auch der eigene Körper will wertgeschätzt werden

Ein weiterer Schritt, um dich selbst mehr anzuerkennen, ist eine kleine Übung, die du nach dem Duschen ausprobieren kannst. Creme dich liebevoll ein und bedanke dich bei deinem Körper für all das, was er leistet. Schimpfe nicht mit deinem Bauch, dass er so mollig ist, sondern creme ihn ein und sage ihm, dass du ihn liebst, auch wenn er mollig ist. Diese Übung mag dir vielleicht komisch vorkommen, aber viele haben auch die Wertschätzung des eigenen Körpers nie gelernt. Sie lehnen ihn ab, weil er keine Modelmaße hat. Sie empfinden sich als zu dick und unförmig, zu dünn und knochig, zu groß oder zu klein. Da mag ja vielleicht sogar was dran sein, aber dennoch vollbringen dein Körper, deine Beine, deine Gelenke jeden Tag Höchstleistungen, und dafür kann man sich schon mal bei ihnen bedanken. Wenn du diese Übung regelmäßig machst, wirst du feststellen, dass sich die Beziehung zu deinem Körper ändert. Du wirst deinen Bauch, deinen Po, deine Oberschenkel annehmen und irgendwann sogar lieben können. Und dann weißt du, wie gut sich Eigenwertschätzung anfühlt.
Und wenn du gelernt hast, dich selbst liebevoll anzunehmen, wird es dir auch leichter fallen, andere Menschen mit ihren Fehlern zu akzeptieren. Diese wohlwollende Akzeptanz führt zu Entspannung, weil man sich weniger über die Fehler anderer aufregt und sich selbst weniger unter Druck setzt.

Kannst du ganz schnell mindestens 10 Stärken von dir aufzählen?

Drei Säulen, DIE DICH *tragen*

Wenn wir Zeiten mit besonderen Herausforderungen zu bewältigen haben, vernachlässigen wir oft als Erstes das, was wir dringend brauchen, damit unser Motor weiterlaufen kann: Schlaf. Essen. Bewegung. Dabei sind das die drei Säulen, die dich in schweren Zeiten stützen. Wenn du es schaffst, diesen Bereichen etwas mehr Aufmerksamkeit zu schenken, wirst du jede Krise deutlich leichter bewältigen können.

Es ist, als beiße sich die Katze in den eigenen Schwanz: In Krisenzeiten fehlen uns oft die Energie und die Zeit, uns gesund und ausgeglichen zu ernähren. Je fetter und süßer aber unser Essen, desto kleiner der Antrieb, uns zu bewegen. Und je weniger wir uns bewegen, desto schlechter schlafen wir. Unausgeschlafen fängt der Teufelskreis von schlechter Ernährung, mangelnder Bewegung und miesem Schlaf jeden Tag von vorne an.

Stell dir mal vor, in deiner Garage stünde dein Traumwagen. In deiner Lieblingsfarbe, mit deiner Wunschausstattung. Er wurde dir geschenkt, weil du eine lange, anstrengende Reise vor dir hast. Was würdest du machen? Ich vermute mal, du würdest ihn in der Werkstatt noch einmal rundum checken lassen. Du würdest das beste Öl und Benzin einfüllen und die teuersten Ersatzreifen kaufen.

Und nun stell dir vor, du selbst bist dieses Auto und hast eine lange, anstrengende Reise vor dir. Wie behandelst du dich selbst? Achtest du darauf, dass du nicht auf den holprigsten Waldwegen unterwegs bist und dass du nicht dauerhaft zu hochtourig gefahren wirst?

Wie du dich FÜTTERST, *so fährst du*

Um im Bild des Traumautos zu bleiben: wenn dein Wagen während der Fahrt anfinge zu stottern, was würdest du tun? Bestimmt nicht weiterfahren in der Hoffnung, dass das Stottern irgendwann einmal aufhört, oder ihm an der Tankstelle das ranzige Öl von der Pommesbude einfüllen.

Warum gehen wir dann oft mit uns selbst so um? Je größer die Herausforderungen, desto schlechter behandeln wir uns. Das Frühstück wird aus Zeitgründen gestrichen. Das Mittagessen am Schreibtisch vor dem Computer eingenommen, und abends hat man dann so einen Kohldampf, dass man sich wahllos schnell irgendwas zwischen die Kiemen schiebt. Am besten etwas Fettiges. Oder Süßes. Oder beides. Dein Organismus ist schon eine Wundermaschine. Sie schafft unglaublich viel mit oft unsagbar schlechtem Antriebsfutter. Sie würde aber gerade in Zeiten der Höchstproduktion reibungsloser laufen, wenn du ihr etwas Gutes gönnen würdest. Dazu gehört auch einmal Schokotorte oder Pommes mit Ketchup und Mayonnaise. Aber eben nur ab und zu und nicht als Haupternährung.
Ich bin keine Ernährungsexpertin, aber das muss man auch nicht sein, um festzustellen, dass die Energie nach einem Fast-Food-Essen im Magen steckt. Und dass verdammt viel Energie nötig ist, um das Zeug verdaut zu bekommen. Wenn ich nicht gesund frühstücke, sondern mir ein Brötchen mit Nuss-Nougat-Creme »gönne«, kann ich danach eigentlich direkt ins Bett zurück. Es ist ein Gefühl, als breche mein Energiehaushalt komplett zusammen, und ich fühle mich danach total müde und schlapp. Sosehr ich den Geschmack dieser Nuss-Nougat-Creme liebe, so wenig mag ich dieses schlappe Gefühl. Deswegen esse ich

Der Mann, der zu beschäftigt ist, sich um seine Gesundheit zu kümmern, ist wie ein Handwerker, der keine Zeit hat, seine Werkzeuge zu pflegen.

Aus Spanien

meist mit Überzeugung eine Mischung aus eingeweichten Chiasamen, Mandeln, Joghurt und Obst. Das schmeckt auch und versorgt mich zudem noch mit Energie.

Ein paar Tipps für eine gesunde Ernährung

Wie ernährt man sich gesund? Was ist eine ausgewogene Ernährung? Mit diesen Themen werden Bücher und Zeitschriften gefüllt. Die Auswahl an Ernährungsformen, die als gesund gepriesen werden – vom Veganer über Paleo bis hin zum Frutarier –, ist riesig. Je mehr man liest, desto verunsicherter kann man werden. Fisch ist gesund, doch viele Sorten sind überfischt, deswegen sollte man maximal ein bis zweimal in der Woche Fisch zu sich nehmen. Obst liefert Energie, Ballaststoffe, Mineralstoffe und Vitamine, doch wer nicht zunehmen will, muss auch hier aufpassen wegen des hohen Fruchtzuckergehaltes. Gemüse ist uneingeschränkt gesund, aber ich kenne nur wenige Kinder, die gerne Gemüse essen. Milch ist ins Gerede gekommen. Sie soll zwar das Risiko für Bluthochdruck, Darmkrebs und Übergewicht geringfügig senken, doch zeigen andere Untersuchungen, dass die Gefahr von Prostata- und Eierstockkrebs steigt, wenn man viel davon trinkt. Für Käse, Quark und Joghurt gelten die Risiken allerdings nicht. Bei Fleisch scheiden sich die Geister sowieso. Brot liefert jede Menge Kohlenhydrate und Energie, aber auch viele Kalorien. Wobei es gutes und böses Brot gibt. Vollkornbrot ist okay, Weißbrot dagegen darf man nicht mal anschauen. Genauso wie Zucker. Wenn man sich das alles so durchliest, will man am Ende gar nichts mehr essen – und greift verzweifelt zur Sahnetorte.

Um es dir bei der Fülle an Informationen leichter zu machen, dich gut zu ernähren, habe ich wichtige Tipps der Gesellschaft für deutsche

Ernährung (DGE) und des Bundesministeriums für Ernährung und Landwirtschaft (BMEL) zusammengefasst.

Eine wichtige Frage bei der Ernährung ist: Würde es dieses Lebensmittel ohne die Lebensmittelindustrie, die oft jede Menge Zucker und Zusatzmittel zusetzt, überhaupt geben? Wenn du die Frage mit »Nein« beantworten kannst, weißt du schon, dass es nicht besonders gesund sein kann. Eine Tiefkühlpizza oder Chips sind also nicht gerade Energielieferanten. Anders sieht es mit selbst gemachten Kartoffelchips oder selbst zubereiteter Pizza mit Vollkornteig und Paprika aus. Das ist gesund, lecker und zieht dich nicht in ein Energieloch. Der Nachteil: Die Rezepte sind oft aufwendig, und Zeit hat man gerade an grauen Tagen meist viel zu wenig. Hier helfen dir kleine Tricks: Nimm Tiefkühlgemüse. Das ist auch gesund, muss aber nicht geputzt und klein geschnitten werden. Nudeln mit Olivenöl und Tiefkühlgemüse kann dein Organismus viel besser verarbeiten als Nudeln mit Sahne und Speck. Es gibt wirklich viele einfache, gesunde Rezepte. Vielleicht kannst du dir eine Mappe anlegen, in der du alle Rezepte, die einfach und gesund sind, sammelst. Damit du an grauen Tagen gar nicht erst mit Fertigpizza anfängst.

Die Wirkung unserer Nahrung soll so groß sein, dass manche Forscher behaupten, man könne sich ein neues Lebensgefühl buchstäblich herbeiessen.

Die DGE empfiehlt, dreimal am Tag Obst und zweimal am Tag Gemüse zu essen. Dazu Nudeln, Brot, Reis und Mehl in der Vollkornvariante. Vor tierischen Fetten, die sich vor allem in Wurst, Fast Food, Fertiggerichten und Gebäck verstecken, wird gewarnt. Pflanzliche Fette dagegen wie Raps- oder Olivenöl werden empfohlen.

Mit Zucker und Salz soll man sparsam umgehen. Dagegen soll man viel trinken. Vor allem Wasser oder ungesüßten Tee, am besten Kräuter- oder Gewürztee.

Das sind die Basics, die wir alle kennen, in Zeiten der Überforderung aber trotzdem gerne vergessen. Denn wenn man gehetzt und vielleicht auch hungrig durch die Gänge eines Supermarkts eilt, lachen einen Tiefkühlpizza, Weißbrot und Fleischsalat viel mehr an als Äpfel, Blumenkohl oder Naturjoghurt.

Das Thema »gesunde Ernährung« ist in meinen Augen immer eine Herausforderung, aber insbesondere an grauen Tagen, die man sich gewohnheitsmäßig nur zu gerne mit Kuchen, Schokolade oder Knabberzeug versüßt. Wir belohnen und trösten uns damit. Essen hat Auswirkungen auf die Psyche. Das haben wir alle schon immer geahnt, aber in den vergangenen Jahren haben dies auch Wissenschaftler festgestellt. Wir können uns tatsächlich glücklich essen, aber wir können mit Essen auch das Gegenteil bewirken. Deswegen betrachte ich das Thema Ernährung hier einmal von der Seite, was glücklich macht und was eher nicht.

Wie Essen glücklich macht – oder auch nicht

Essen wirkt auf ganz unterschiedliche Weise. Es geht um vier Faktoren:

1. Die Sinne. Schon der Geruch von Essen kann wohlige oder eklige Gefühle hervorrufen.

2. Die Wirkung aufs Hirn. Manche Speisen wie Schokolade erreichen über die Blutbahn das Gehirn und wirken dort ähnlich wie Drogen.

3. Lebensmittel können auf hochkomplexe Weise unsere Emotionen steuern. Das geschieht über Botenstoffe. Um diese herzustellen, braucht der Körper spezielle Moleküle, die in unserem Essen enthalten sind.

4. Sogar Mikroben im Darm haben vermutlich Auswirkungen auf unser Gemüt.

Einfluss auf unser Essverhalten haben auch unsere Mit-Esser. Je größer und netter die Tischgesellschaft, desto besser schmeckt es und desto mehr essen wir. Ein gutes Essen mit Freunden ist ein Garant gegen graue Tage, denn hier wirken zwei Schwergewichte für gute Laune: leckeres Essen und gute Gespräche mit lieben Menschen.

Außerdem fanden Forscher heraus, dass bei gestressten Menschen bereits der Anblick und der Geruch des Lieblingsessens für Entspannung sorgen. Wenn du also besonders schöne Assoziationen aus deiner Kindheit hast, wie du bei Speckpfannkuchen, die die Mutter gemacht hat, in der warmen Küche der winterlichen Kälte getrotzt hast, wird dich Speckpfannkuchen auch als Erwachsener glücklich machen und ein Stück weit trösten können – zunächst einmal ganz unabhängig davon, ob das nun besonders gesund ist oder eben nicht. Mittelfristig spielt das aber natürlich schon eine Rolle.

Denn die Bestandteile verschiedener Lebensmittel haben ganz unterschiedliche Wirkungen. Fett zum Beispiel macht träge. Die Gründe dafür sind noch nicht bekannt, aber Untersuchungen zeigen, dass man nach einem leckeren Essen mit Bratwurst und Bratkartoffeln schläfrig wird. Im Gegensatz dazu macht Süßes wie Gummibärchen wach. Der leicht verdauliche Zucker geht mehr oder weniger sofort ins Blut und verbessert die Stimmung und die Konzentrationsfähigkeit. Leider hält der Zustand nicht lange an, und dann ergeht es einem wie auf der Achterbahn. Nach einem rasanten Anstieg der Stimmung fällt sie genauso schnell wieder ab, und man landet in einem Energieloch. Dieses kannst du umgehen, wenn du statt Gummibärchen beispielsweise ein Müsli mit Beeren isst. Hier dauert es länger, bis die komplexeren Zuckermoleküle verstoffwechselt werden können. Dafür gibt es aber auch keine Achterbahn der Stimmung und der Konzentrationsfähigkeit.

Dummerweise kann man von Fettem und Süßem geradezu abhängig werden, weil die Botenstoffe dieser Speisen in der gleichen Hirnregion wirken wie Kokain oder Heroin. Wenn man also regelmäßig Hamburger und Kuchen isst, will der Körper immer mehr davon. Und gerade in anstrengenden Zeiten ist man ganz schnell in einem Kreislauf, den man schwer durchbrechen kann. Anfangs isst man etwas Fettes oder Süßes, weil man sich belohnen will und zu müde ist, um sich etwas Gesundes zu kochen.

Doch schon nach kurzer Zeit verlangt der Körper immer mehr danach, und es wird immer anstrengender, dagegen anzugehen und etwas »Gescheites« auf den Teller zu bringen. Das kommt dir wahrscheinlich bekannt vor, oder?

Mit Fisch angelst du dir gute Laune

Wirklich erstaunlich ist der Zusammenhang zwischen guter Laune, eiweißreichen Lebensmitteln und Kohlenhydraten. Der Botenstoff Serotonin kann uns beruhigen, fördert den Schlaf und macht uns optimistischer. Um Serotonin herzustellen, benötigen wir bestimmte Lebensmittel, weil das unser Körper nicht von alleine kann. Hühnerfleisch, Thunfisch, Nüsse und Hülsenfrüchte wie Linsen – also Lebensmittel, die viel Eiweiß enthalten – sind die notwenigen Lieferanten. Aber sie schaffen es nicht allein. Das geht nur in Verbindung mit Kohlenhydraten. Wenn man die aber von seinem Speiseplan gestrichen hat, weil man mit einer kohlenhydratarmen Ernährung abnehmen möchte, kann es passieren, dass auch die gute Laune abnimmt.

Eine Studie stellte fest, dass ein Mangel an Omega-3-Fettsäuren auf der einen Seite und ein Zuviel an Nährstoffen wie Weißmehl und Transfette auf der anderen Seite (Transfette sind ungesättigte Fettsäuren, die vor allem in industriell gefertigten Lebensmitteln vorkommen) dafür sorgen, dass depressive Verstimmungen und aggressives Verhalten verstärkt vorkommen. Wenn wir also an grauen Tagen viel Fast Food und Fertiggerichte zu uns nehmen, verstärken wir damit die Gefühle wie Lustlosigkeit, Angespanntheit und Antriebslosigkeit.

Auch wenn noch lange nicht alles erforscht ist, wie Essen auf unseren Körper und die Psyche wirkt, sind sich Wissenschaftler einig, dass Gemüse, Obst, Hülsenfrüchte wie Bohnen und Erbsen, Nüsse und Saaten wie Leinsamen und Sonnenblumenkerne, Fisch, Milch, Butter, Käse und Eier unsere Stimmung positiv beeinflussen, wohingegen Lebensmittel aus Weißmehl, Zucker und Transfette das Gegenteil bewirken.

Rotes Pesto für alle Fälle

Wenn ich überhaupt keine Zeit zum Kochen habe, mache ich mir einmal die Woche ein riesiges Glas Pesto. Das kann ich morgens und abends aufs Brot schmieren und mittags mit Nudeln mischen. Wenn dann Brot und Nudeln noch aus Vollkorn sind, habe ich meinem Körper schon viel Gutes getan. Dazu einen Salat, der dann auch mal geschnippelt aus der Tüte kommen kann, und ein gekauftes Dressing dazu. Da in gekauftem Dressing oft sehr viel Zucker ist, wäre es noch besser, wenn du ein selbst gemachtes Dressing für die ganze Woche vorbereitest. Dann geht es genauso schnell und ist richtig gesund.

Rotes Pesto ist gesund und lecker und superschnell gemacht:

80 g Parmesan, im Mixer zerkleinern
50 g Mandeln dazu und zerkleinern
100 g getrocknete Tomaten mit oder ohne Öl
100 g frische Tomaten, geviertelt
Salz und Pfeffer dazu, alles klein mixen und in ein großes Glas umfüllen. Hält im Kühlschrank mindestens zwei Wochen, ist aber in der Regel nach ein paar Tagen aufgegessen.

Hast du GUT GESCHLAFEN *heute Nacht?*

Menschen, die regelmäßig tief und ausreichend lange schlafen, tun sich damit jede Nacht viel Gutes. Denn dann regeneriert der Körper, die Abwehrkräfte werden gestärkt, Hormone kurbeln das Zellwachstum an, und das Gedächtnis speichert die Erfahrungen und das Gelernte vom Tag. Wer gut schläft, soll sogar leichter abnehmen.

Es ist also sonnenklar, warum guter Schlaf wichtig ist. In der Realität leidet aber fast jeder Dritte an Einschlaf- oder Durchschlafproblemen. Die Zahl der Menschen mit Schlafproblemen steigt sogar. Schlaf wichtig zu nehmen, aber nicht zu ernst – das ist offensichtlich eine Kunst für sich.

Wer viel und lange arbeitet, kennt das vielleicht: Du kommst spät von Terminen nach Hause, willst dem Tag aber unbedingt noch eine Stunde »abknapsen« – zur Belohnung. Du willst noch ein wenig fernsehen oder ein Glas Wein trinken. Nur nicht gleich ins Bett. Denn das Bett ist eben keine Belohnung nach einem anstrengenden Tag. Und obwohl viele von uns morgens aufstehen nur mit dem einen Wunsch, möglichst schnell wieder ins Bett zurückzukehren, tun wir es nicht, wenn wir endlich die Möglichkeit dazu haben.

Irgendwie ist das eine merkwürdige Beziehung, die viele zum Schlafen haben. Liegt man erst einmal im Bett und der Schlaf kommt auf leisen Sohlen, gibt es keinen besseren Ort auf der Welt. Doch in den Stunden davor ist die Anziehungskraft oft eher gering. Schon meine Kinder wurden abends auf einen Schlag hellwach und wollten plötzlich stundenlang schmusen, nur um nicht ins Bett gehen zu müssen.

Auf der einen Seite gibt es Menschen, die an sich ganz gut schlafen, aber regelmäßig zu wenig, weil immer alles andere wichtiger ist als ausreichend Schlaf. Julia Klöckner, die Bundeslandwirtschaftsministerin, sagte einmal zu mir, Schlaf würde überbewertet. Sie sagte das lachend – wohlwissend, dass es nicht so ist.

Solange man gesund ist und sich gut fühlt, kann man Schlaf ein wenig vernachlässigen. Doch in Zeiten, in denen wir besonderen Herausforderungen ausgesetzt sind, in denen wir gesundheitlich oder seelisch angeschlagen sind, sollten wir dem Schlaf mehr Aufmerk-

samkeit widmen. Immer zur gleichen Zeit ins Bett – am besten vor Mitternacht – und immer zur gleichen Zeit aufstehen, ist ein Rezept für qualitativ guten Schlaf. Wenn du das in Krisenzeiten beherzigst – vorausgesetzt, du leidest noch nicht unter Schlafproblemen –, wirst du dir nachts die Energie holen, die du für den Tag brauchst.

Wo fangen Schlafstörungen an?

Dann gibt es aber die vielen Menschen – Schlafmediziner wie Dr. Guy Meadows sprechen von jedem Dritten –, die schon länger unter Schlafproblemen leiden. Wenn man über einen längeren Zeitraum schlecht einschläft oder nachts lange wach liegt oder viel zu früh aufwacht oder alles zusammen, dann spricht man von Schlafstörungen. Diese Menschen haben in der Regel schon vieles versucht, um wieder »einfach« einschlafen zu können. Sie wünschen sich nichts mehr, als ins Bett zu gehen, den Kopf aufs Kissen zu legen und ein- und durchzuschlafen.

Schlafprobleme werden oft durch äußere Ereignisse hervorgerufen. Zu viel Arbeit im Beruf oder eine schwere Krankheit in der Familie. Schlafprobleme können aber auch durch positive Erlebnisse hervorgerufen werden. Eine Klientin von mir war nach einem Workshop so inspiriert, dass sie nächtelang in Gedanken ein Buch schrieb. Nach einer Woche ohne Schlaf begann eine Schlaflos-Spirale. Ihr Körper schüttete jeden Tag mehr Adrenalin aus, um tagsüber nicht einzuschlafen. Dieses viele Adrenalin konnte sie aber gar nicht abbauen, sodass sie in der Folge auch nachts keine Ruhe fand. So richtig ernst nahm sie die Schlaflosigkeit aber nicht. Sie dachte immer, der Schlaf müsse schon kommen, war sie doch schließlich furchtbar müde. Doch der Schlaf kam nicht mehr, bis sie nach neun Monaten am Ende ihrer Kräfte war. Nach dieser langen Zeit war ihr Schlafrhythmus total durcheinander. Hilfe fand sie bei einer Therapeutin, die sie mit schlaffördernden Psychopharmaka und einer Gesprächstherapie wieder ins Gleichgewicht brachte.

Wenn du noch nicht lange unter Schlafproblemen leidest, könnte eine gute Schlafhygiene ausreichen, um wieder zu gutem Schlaf zu finden. Die Deutsche Gesellschaft für Schlafforschung und Schlafmedizin empfiehlt bei gelegentlichen Schlafstörungen:

Stehe jeden Tag zur selben Zeit auf.
Auch an den Wochenenden.

Gehe erst dann schlafen, wenn du wirklich müde bist.

Entspannungsübungen wie Biofeedback, Meditation oder Hypnose helfen beim Einschlafen. Am besten lernst du diese Techniken unter professioneller Anleitung.

Treibe regelmäßig Sport (aber nicht mehr kurz vor dem Zubettgehen).

Vermeide Koffein vier Stunden vor dem Zubettgehen. Alkohol stört den Schlaf massiv, deshalb wäre es gut, ganz darauf zu verzichten.

Mache keinen Mittagsschlaf.

Vermeide Schlaftabletten.

Außerdem soll man das Bett nur zum Schlafen (und zum Sex) benutzen. Helfen soll auch, wenn man in der Stunde vor dem Schlafengehen Computer und Handys ausschaltet. Das Licht der technischen Geräte macht den Organismus eher wach als müde.
Diese Regeln der Schlafhygiene können aber natürlich nur wirken, wenn du sie einigermaßen zuverlässig anwendest.

Oft hält die Psyche den Körper wach

Wenn du schon länger unter Schlafproblemen leidest, werden dir diese Maßnahmen vermutlich nicht mehr helfen. Vielleicht hast du dir in deiner Schlaflosigkeit schon Schlaftabletten verschreiben lassen – wohlwissend, dass das keine Dauerlösung sein kann. Um vorübergehend mal wieder schlafen zu können, kann man darauf zurückgreifen. Wichtig ist, dass du vorher ehrlich mit deinem Arzt über deine Probleme gesprochen hast und dass du die Tabletten sparsam und nicht länger als maximal vier Wochen einnimmst. In der Regel verschreiben Ärzte Tabletten auch nur für diesen Zeitraum. Das hat Gründe, denn viele Schlaftabletten machen nach nur wenigen Wochen abhängig. Die Medikamente verstärken das Signal des Gehirns, herunterzukommen und einzuschlafen. Daran gewöhnen sich die Nerven sehr schnell, die körpereigenen Botenstoffe reichen dann nicht mehr aus, um Schlaf zu finden. Das heißt, man kann bald ohne Tabletten gar nicht mehr schlafen und muss die Dosis immer mehr erhöhen. Der Schlaf, der durch Tabletten herbeigeführt wird, lässt außerdem das Gehirn nicht richtig arbeiten. In Schlafstudien wurde gezeigt, dass Schlaftabletten die wichtige REM-Phase unterdrücken. Diese »Rapid Eye Movement«-Phase steht für einen Teil des Tiefschlafs – der Traumphase. Hier erholt und entspannt sich der Mensch im Schlaf. Wird diese Phase unterdrückt, bleibt die Erholung aus.
Also: Schlaftabletten sind keine Dauerlösung. Was hilft dann aber bei länger anhaltenden Schlafproblemen? Darauf gibt es leider keine einfache Antwort. Nicht einmal Schlafforscher Dr. Hans-Günter Weeß, Vorstandsmitglied der Deutschen Gesellschaft für Schlafforschung und Schlafmedizin, kennt ein allgemeingültiges Mittel. Er ist sich aber sicher, dass die Ursache für Schlaflosigkeit überwiegend seelischer Natur ist. Leider würden bei uns aber die organischen Ursachen in den Vordergrund gestellt. Was dazu führt, dass die Ursachen für Schlaflosigkeit oft nicht richtig diagnostiziert und behandelt werden. Außerdem stellt Dr. Weeß fest, dass Schlafprobleme bei uns immer noch

»Der Schlaf ist für den ganzen Menschen, was das Aufziehen für die Uhr.«

Arthur Schopenhauer

bagatellisiert werden würden. Das führt dann in der Folge oft dazu, dass man mit seinen Schlafproblemen ziemlich auf sich alleine gestellt ist.

Schlafen kann man (wieder) lernen

Diese Lücke wollen zwei Ratgeber-Bücher schließen, die den Schlaflosen zum »Experten in eigener Sache« machen wollen. In den Büchern »Schlaf erfolgreich trainieren« von Tilmann Müller und Beate Paterok und »Schlaf gut!« von Dr. Guy Meadows werden acht- bzw. fünfwöchige Schlaftrainings beschrieben, mit denen man auch länger anhaltende Schlafprobleme in den Griff bekommen soll.
Tilmann Müller und Beate Paterok empfehlen die sogenannte Schlafkompression. Dabei werden die Schlafenszeiten von Woche zu Woche festgelegt und vor allem am Anfang stark eingeschränkt. Es kommt also zu einem längeren, anhaltenden Schlafentzug, der dazu führen soll, die Ein- und Durchschlaffähigkeit wieder zu steigern. Diese Methode wendet auch Dr. Weeß an. Er leitet das Schlafzentrum Klingenmünster in der Pfalz. Das ist eine von nur zwei Einrichtungen in Deutschland, die auch ein stationäres Therapieangebot für schwere Schlafstörungen bieten. Da es so wenige Schlafmediziner und Schlaflabors gibt, ist es entsprechend schwer, einen Termin zu bekommen. Mit dem Buch »Schlaf erfolgreich trainieren« kann man die Methode der Schlafkompression eigenständig umsetzen. Hier ist ein großes Maß an Eigenverantwortung nötig, denn du musst das Programm, bei dem du nicht vor Mitternacht ins Bett gehen darfst und jeden Morgen um 6 Uhr aufstehen sollst, über Wochen und Monate durchziehen. Wer einen sehr geregelten Alltag hat, wird das Training leichter durchhalten können als Menschen, die viel reisen oder im Schichtdienst arbeiten.
Einen anderen Weg geht Dr. Guy Meadows. Er ist Schlafphysiologe und gründete 2009 die Sleep School in London. Mit seiner Schlaftherapie sollen die Patienten im ersten Schritt lernen, mit ihren negativen Gedanken zu leben. Er nennt das Akzeptanz- und Commitmenttherapie. Dabei nimmt man seine Gedanken wahr, beobachtet sie und akzeptiert sie, anstatt gegen sie anzukämpfen. In seinem Fünf-Wochen-Programm soll man nach und nach erfahren,

wie man Gedanken und Emotionen immer mehr loslässt, denn »nur wer loslässt, kann auch schlafen« – so Dr. Guy Meadows.

Das bestätigt auch Schlafforscher Dr. Hans-Günter Weeß: »Entspannung ist der Königsweg für guten Schlaf. Wenn mir das gelingt, kann ich überall gut schlafen.« Und der Schlafforscher Prof. Jürgen Zulley sagte einmal zu mir in einem Schlafseminar:

»Wie die Tage, so die Nächte.«

Er meinte damit, dass man nach hektischen, angespannten Tagen keine ruhigen Nächte erwarten dürfe.

Tipps für Schlaflose

Wenn du schon länger unter Schlafproblemen leidest und bislang noch keinen Weg zurück zum guten Schlaf gefunden hast, dann könnte dir eine Untersuchung im Schlaflabor helfen. Die Deutsche Gesellschaft für Schlafforschung und Schlafmedizin hat eine Liste der 310 Schlaflabore zusammengestellt. Du findest den Link im Anhang. Die Zeit, bis du einen Termin bekommst, kannst du auf verschiedene Weise nutzen:

Versuche, an einzelnen Tagen in der Woche den Stress zu minimieren. Zumindest an einem halben Tag am Wochenende müsste das möglich sein.

Lerne eine Entspannungstechnik. Die hilft auch in anderen stressigen Situationen. Mein Kopf lässt sich nur schwer ruhigstellen, deswegen tue ich mir mit Meditationen nicht leicht. Mir hilft Yoga mehr. Bei den fließenden Bewegungen des Yoga muss sich mein Kopf auf den Körper konzentrieren und kann dadurch sehr gut abschalten.

Die Trainingsprogramme »Schlaf erfolgreich trainieren« oder »Schlaf gut!« liefern viele Informationen zum Thema und bieten klare Schritt-für-Schritt-Anweisungen.

Rede mit anderen über deine Schlafprobleme, denn andere haben vielleicht auch schon vieles ausprobiert und dabei Erfolg gehabt. Mir hat ein Tipp einer Bekannten geholfen. Sie hat mir chinesische Akupunktur empfohlen. Das hat bei mir sehr schnell angeschlagen und sogar ohne Nebenwirkungen. Der Nachteil: Es ist relativ teuer, und die Kosten werden nur von den privaten Kassen übernommen.

Ich wünsche dir, dass du bald wieder einen geregelten, erholsamen Schlaf findest. Denn guter Schlaf ist eines der wirkungsvollsten Mittel gegen graue Tage.

Morgenwonne

Ich bin so knallvergnügt erwacht.
Ich klatsche meine Hüften.
Das Wasser lockt. Die Seife lacht.
Es dürstet mich nach Lüften.
Ein schmuckes Laken macht einen Knicks
Und gratuliert mir zum Baden.
Zwei schwarze Schuhe in blankem Wichs
Betiteln mich »Euer Gnaden«.
Aus meiner tiefsten Seele zieht
Mit Nasenflügelbeben
Ein ungeheurer Appetit
Nach Frühstück und nach Leben.

Joachim Ringelnatz

Lieber GUT TRAINIERT *als schlecht gelaunt*

Man kann versuchen, vor Sorgen davonzulaufen. Das ist aber nicht empfehlenswert, denn die Sorgen werden dich einholen. Man kann sich Sorgen aber auch weglaufen. Bei Stress und Sorgen hilft es, wenn du dich regelmäßig bewegst, denn du wirst beim Spazierengehen, Joggen oder Fahrradfahren auf ganz neue Lösungen kommen. Wenn du körperlich beweglich bleibst, wirst du viele Hürden an grauen Tagen leichter nehmen.

Du kennst den alten Spruch: Wer rastet, der rostet. Doch vor allem in schweren Zeiten ist Flexibilität gefragt, denn du musst vielleicht unbekannte Wege gehen, um aus der Krise wieder rauszukommen. In den Monaten, in denen meine Mutter an Krebs erkrankt war und ich große Probleme in meiner Ehe hatte, kamen mir beim Joggen die besten Lösungen. Selbst wenn ich beim Loslaufen dachte, ich komme aus diesem Loch nie wieder raus, hatte ich am Ende des Trainings irgendwas gefunden, womit ich weitermachen konnte, was mir Kraft gab. Mit der körperlichen Bewegung kommt offensichtlich auch der Geist auf Trab. Und nicht nur das: Wenn du dich bewegst, kurbelst du deinen Kreislauf und Stoffwechsel an. Dein Organismus wird besser mit Sauerstoff und Nährstoffen versorgt. Zu wenig Sauerstoff führt zu einer flachen Atmung, und diese wiederum sorgt für zusätzlichen Stress.

Bewegung bedeutet nicht, dass du zum Marathonläufer werden sollst. Wichtig ist nur, dass du deinen Körper ein paarmal in der Woche in Bewegung bringst. Das Dumme ist: Gerade in Krisenzeiten fehlen uns Zeit und Energie dafür. Wir fahren jede kleinste Strecke mit dem Auto, weil jede Minute bis an den Rand ausgefüllt ist, oder wir liegen auf der Couch und zappen, weil das Energielevel nicht mehr hergibt. Statt unseren Kreislauf zu pushen, fallen wir immer tiefer ins Motivationsloch.

Deswegen ist es wichtig, anzufangen und seinen inneren Schweinehund zu bekämpfen. Nimm dir für den Anfang kleine Bewegungseinheiten vor. Gerade in Krisenzeiten ist der Körper weniger belastbar. Es gab Tage in meinem Leben, da konnte ich – obwohl ich seit Jahren regelmäßig jogge – nur ganz langsam spazieren gehen.

Aber das war auf jeden Fall besser als gar keine Bewegung.

Ein bisschen Sport muss sein, dann kommt der Spaß von ganz allein

Grundsätzlich gilt: Jede Art von Bewegung ist gut. Ein Spaziergang, walken oder joggen an der frischen Luft versorgt den Körper mit einer Extraportion Sauerstoff und macht das Hirn frei. Radfahren natürlich auch. Außerdem stärkt Bewegung im Freien dein Immunsystem. In stressigen Zeiten ist der Körper für Bakterien und Viren besonders empfänglich. Dem kannst du mit Sport etwas entgegensetzen. Ärzte empfehlen 20 Minuten spazieren gehen täglich. In der Realität ist das aber oft nicht zu machen. Deswegen gehe so oft du kannst, aber mach dir damit nicht noch mehr Stress.
Wenn du dich fit genug fühlst, melde dich bei einer Sportgruppe an. Sport in der Gruppe macht besonders viel Spaß und erhöht den Druck, regelmäßig zu gehen. Sportarten wie Zumba schaffen nicht nur Bewegung, sondern erhöhen auch die Lebensfreude.

Bewegung tut auch der Seele gut

Obwohl ich vor einigen Jahren einen Marathon und danach zwei halbe gelaufen bin, habe ich bis heute am Laufen nicht so viel Freude wie zum Beispiel am Schokoladeessen. Warum ich dennoch häufiger laufe, als Schokolade zu essen? Weil es mir währenddessen zwar nicht besser geht, aber danach fühle ich mich so viel wohler. Laufen hilft meiner Seele. In Momenten, in denen ich besonders unausgeglichen bin und keine Lösung finde, gehe ich, wenn es irgendwie möglich ist, laufen. Dafür muss ich mich oft selber treten, aber ich weiß:Es wird mir nach einer Joggingrunde besser gehen, ich werde ausgeglichener sein und meist auch das Problem, das mich gerade beschäftigt, anders betrachten können.
Man muss also keine Sportskanone sein, um in Bewegung zu kommen. Man muss nur den Willen haben, grauen Momenten zu entfliehen. Nicht umsonst besagen Studien, dass Sport sogar bei Menschen mit depressiven Verstimmungen für Besserung sorgt.

Wie du es schaffst, in Bewegung zu kommen

Es gibt viele gute Gründe, in Bewegung zu kommen. Doch wie funktioniert das im Alltag am besten?

Nimm dir für den Anfang nicht zu viel vor. Wenn du es schaffst, einmal in der Woche Sport zu machen, ist das schon ein guter Anfang. Wenn du merkst, wie gut es dir tut, wirst du es sicherlich auch ein zweites oder drittes Mal in der Woche schaffen.

Trage dir die Termine fest in den Kalender ein. Dann ist es schwerer, sie zu vergessen.

Am sichersten kommst du auf Touren, wenn du dir einen Bewegungspartner suchst. Denn anderen sagt man weniger bereitwillig ab als sich selbst. Frage einen Freund oder die Nachbarin oder einen Kollegen. Auch in der Mittagspause kann man mal eben raus an die frische Luft und flott gehen.

Ein FREUND, *ein guter Freund*

In stressigen Zeiten sind die Beziehungen zu anderen Menschen oft nicht die besten. Es fehlen die Nerven und die Geduld, die Eigenheiten der anderen gelassen hinzunehmen. Dabei können gerade jetzt Beziehungen zu Menschen wie ein Heilmittel auf uns wirken. Vorausgesetzt, wir haben die richtigen Menschen um uns herum.

Vielleicht kennst du das auch: In stressigen Zeiten wünschst du dich auf eine einsame Insel, um nur ja niemanden sehen zu müssen. Wir igeln uns dann gerne ein, weil wir andere eher als Belastung wahrnehmen. Der Wunsch nach Tagen, an denen wir niemandem begegnen müssen, an denen uns keiner auf die Nerven fallen kann und wir niemandem sagen müssen, wie es uns gerade geht, ist riesig. Dabei ist es jetzt sinnvoll, genau das Gegenteil zu tun, denn – um das Wichtigste vorwegzunehmen – Freunde machen glücklich und gesund. Freunde fördern nachweislich das Lebensglück, die Zufriedenheit und auch die Gesundheit. Wer enge Freunde hat, hat ein besseres Immunsystem, weniger Stress, seltener Depressionen und erholt sich nach einer Operation oder einer Krankheit schneller. Menschen mit Freunden treffen auch die besseren Lebensentscheidungen. Weil es einfach hilft, wenn jemand mitdenkt und mitfühlt.

Beziehungen sind die besten Antistressmittel

Darin sind sich Forscher weltweilt erstaunlich einig. Unzählige Untersuchungen in den USA, in Österreich oder in Australien belegen es: Die Beziehungen zu Menschen, die uns etwas bedeuten, sind die wichtigsten Quellen für Glück und Zufriedenheit. Und nicht nur das: Freunde sollen das Leben des Einzelnen sogar um Jahre verlängern können. Bei einer Studie in Australien, die zehn Jahre lang fast 1500 Männer und Frauen, die älter als 70 Jahre waren, begleitete, war das Fazit: Ein starkes Netz aus Freunden erhöhte die Lebenserwartung der Teilnehmer. Und zwar um bis zu 22 Prozent. Erstaunlicherweise blieb ein enger Kontakt zu der eigenen Familie in dieser Studie ohne vergleichbaren Effekt. Das könnte laut den Forschern daran liegen, dass man sich seine Freunde im Gegensatz zur Familie selber aussuche. Aber es gibt auch Untersuchungen, die besagen, dass Verheiratete oder in einer Beziehung lebende Menschen durchschnittlich glücklicher sind als Alleinstehende und länger leben.
Unabhängig ob Familie oder Freunde, wichtig ist mit Sicherheit die Qualität der Beziehung: wenn es also nicht nur darum geht, vom anderen in irgendeiner Weise zu profitieren, sondern wenn man wirklich füreinander da ist. Wenn man sich gegenseitig vertraut, sich zuhört und fürsorglich am Leben des anderen teilnimmt. Im Idealfall trifft man sich regelmäßig persönlich. Meine eigenen Erfahrungen haben aber gezeigt, dass das persönliche Treffen für eine tiefe Beziehung nicht unbedingt wichtig sein muss. Zwei meiner besten Freundinnen wohnen weit weg, wir sehen uns selten häufiger als ein- bis zweimal im Jahr, und dennoch sind sie seit Jahrzehnten meine engsten Vertrauten, mit denen ich alles – telefonisch – bespreche. Wobei – das ist eher ein typisch weibliches Phänomen. Frauenfreundschaften funktionieren oft so. Bei Männerfreundschaften steht nicht das Miteinander-Reden im Mittelpunkt, sondern das Miteinander-Tun.
Wie ist das mit deinen Freunden und Freundinnen? Hast du regelmäßig Kontakt mit Menschen, denen du alles anvertrauen kannst und die dich zum Lachen bringen? Es müssen nicht viele sein. Bei Menschen mittleren Alters reicht es

Gibt es einen Freund/eine Freundin, bei dem/der du dich längst mal wieder gemeldet haben solltest? Dann tu es. Am besten gleich.

1200 Freunde bei Facebook

Welche Rolle spielen Freunde, die man in sozialen Netzwerken in Dutzenden um sich schart? Helfen die auch, glücklicher und gesünder zu leben? Diese Beziehungen sehen Freundschaftsforscher meist kritisch. Denn virtuelle Nähe ist eben kein Ersatz für eine Freundschaft in der Realität. In sozialen Netzwerken geht es ja oft nicht um Offenheit und Ehrlichkeit, sondern darum, sich so gut wie möglich darzustellen. Doch wo ein perfektes Leben mit wundervollen Freunden vorgeführt wird, wo es keine Sorgen, kein Scheitern, keine gesundheitlichen Probleme und schon gar keine Geldprobleme gibt, sondern erfolgreiche Meetings, inspirierende Essen mit beeindruckenden Menschen, tolle Urlaube und sportliche Höchstleistungen, entsteht Neid und kein empathisches Mitgefühl. Das ist kein guter Nährboden für tiefe Freundschaften. Allerdings helfen die sozialen Netzwerke, Menschen leichter kennenzulernen oder Freundschaften über Distanzen zu pflegen. Doch auch hier ist es wichtig, dass aus der virtuellen Beziehung irgendwann einmal ein echtes Kennenlernen wird.

»Ein Freund ist wie ein anderes Ich.«

Marcus Tullius Cicero

völlig aus, wenn sie wenige, aber gute Freunde haben, die sie unterstützen und ihnen hilfreich zur Seite stehen. In jüngeren und älteren Jahren macht es laut einer Untersuchung von Soziologen an der Universität von North Carolina mehr die Quantität als die Qualität aus. Bei Kindern und Jugendlichen sind viele Freunde ein Zeichen davon, wie gut sie integriert sind. Teenager mit vielen Beziehungen werden seltener krank. Und bei älteren Menschen sind viele Freunde von Bedeutung, weil sie vor Einsamkeit und in der Folge davon vor Krankheiten wie zum Beispiel Bluthochdruck schützen.

Doch je älter wir werden, desto schwieriger wird es, neue Freunde zu finden. Wie also gewinnt man Freunde, wenn man viele Jahre lang Freundschaften vernachlässigt oder auf Beziehungen in den sozialen Netzwerken vertraut hat? Kommunikationswissenschaftler der Uni Ohio sind sich einig, dass die ersten Sekunden besonders wichtig sind. Dann entscheiden wir sozusagen auf den »ersten Blick«, ob der andere mit der eigenen Persönlichkeit zusammenpassen könnte. Und wenn wir das positiv bescheiden, sind wir eher bereit, etwas in eine neue Bekanntschaft zu investieren. Das funktioniert schrittchenweise. Aus Fremden werden erst Bekannte, und wenn es dann beide Seiten wollen und zulassen, können daraus Freunde werden. Doch von allein passiert das im fortgeschrittenen Alter selten. Solange wir jung sind, lernen wir die beste Freundin oder den besten Freund »so nebenbei« in der Schule oder beim Studium und später vielleicht bei der Arbeit kennen. Solange wir von Menschen im gleichen Alter und mit ähnlichen Zielen umgeben sind, haben wir einen großen Pool, aus dem wir Freunde wählen können. In jungen Jahren haben wir auch weniger Angst, verletzt oder zurückgewiesen zu werden. Auch das erleichtert es, Freundschaften zu schließen. Doch je älter man wird, desto weniger geht es »so nebenbei«. Wenn du dich also nach echten Freundschaften sehnst, kannst du auf das Schicksal hoffen oder besser selbst aktiv werden.

So klappt es mit neuen Freundschaften

Freunde regnet es nicht vom Himmel. Um jemanden kennenlernen zu können, musst du unter Menschen. Und hier gilt tatsächlich: Viel hilft viel. Wenn du viele neue Menschen kennenlernst, ist die Chance, jemanden zu treffen, mit dem die Chemie stimmt, natürlich auch größer. Früher konnten sich Freundschaften von alleine entwickeln, weil man sich sowieso jeden Tag in der Schule gesehen hat. Doch je älter wir werden, desto aktiver müssen wir werden. Wenn du einen Menschen triffst und ihn nett findest, versuche, ihn näher kennenzulernen. Warte nicht darauf, dass der andere den ersten Schritt macht. Oft ist der andere noch schüchterner als du. Fang ein Gespräch an – bei Frauen ist das oft eine unkomplizierte Sache. Und wenn du beim Reden merkst, dass es eine gewisse Sympathie gibt, trau dich, dich mit dem anderen auf einen Kaffee zu verabreden.

Was hast du zu verlieren? Im schlimmsten Fall wird die Kaffeestunde langweiliger als erwartet. Um neue Bekanntschaften zu machen, muss man tatsächlich ein wenig mutig sein. Vielleicht kennst du das auch, dass du dich endlich einmal überwunden hast und zu einer Veranstaltung gegangen bist, um dann in einem Eck zu stehen, niemanden anzusprechen und nach einer halben Stunde wieder zu gehen? Ich zumindest kenne das. Ganz anders ist eine Kollegin von mir, die ohne Scheu empathisch und aufgeschlossen auf Menschen zugeht. Beneidenswert. Also fasse bei der nächsten Gelegenheit all deinen Mut zusammen und sprich mindestens einen Menschen an. Am einfachsten wird es, wenn du dir jemanden suchst, der auch allein in irgendeinem Eck steht.

Bei neuen Freundschaften gilt: Offenheit erzeugt Offenheit. Das bedeutet nicht, dass du dem anderen gleich dein ganzes Herz samt Sorgen, Ängsten und Nöten ausschütten sollst. Aber je älter wir werden, desto weniger gern geben wir vor anderen zu, wenn etwas in unserem Leben nicht gut läuft. Wenn wir vom Partner oder den Kindern enttäuscht sind oder wenn es im Beruf nicht weitergeht. Doch eine wirkliche Freundschaft basiert auf Ehrlichkeit. Also probiere mal aus, ob auf deine Ehrlichkeit auch Offenheit vom anderen zurückkommt. So können Gespräche von Mal zu Mal vertrauter und inniger werden.

Erwarte nicht zu viel von einer neuen Freundschaft. Menschen, die alle deine Interessen teilen, wird es nur wenige geben. Man muss nicht 100-prozentig in allen Lebensbereichen übereinstimmen, um gute Freunde zu werden. Das musste ich auch erst lernen. Früher war ich enttäuscht, wenn ich bei einer neuen Bekanntschaft merkte, dass ich mit ihr nicht über alles gleich gut reden konnte. Bis ich feststellte, dass ich mit der einen toll über Einrichtungstrends reden konnte und die andere ein sehr guter Gesprächspartner für berufliche Themen war. Nicht jede Freundin kann alle Interessenslagen gleich gut abdecken, aber das ist auch okay. Man kann schließlich einige sehr gute Freunde nebeneinander haben.

Atmen IST *Leben*

Ohne Atmen kein Leben – das ist uns allen klar. Der Mensch kann ohne Essen etwa 40 Tage, ohne Trinken fast fünf Tage, ohne Sauerstoff aber nur einige Minuten überleben. Der Atem kommt und geht von alleine, deswegen nehmen wir ihn als selbstverständlich hin und machen uns keine Gedanken darüber. Dabei atmen viele falsch und kommen so im Leben buchstäblich aus der Puste.

In dem Moment, in dem ein Baby nach der Geburt den Mund aufmacht und seinen ersten Schrei in die Welt setzt, atmet es. Atmen ist ein Kinderspiel. Eigentlich. Doch leider haben viele Erwachsene verlernt, richtig zu atmen. Was der Atem für das Leben bedeutet, hatte man in Europa lange vergessen. In asiatischen Kulturkreisen war man sich über die Bedeutung der Atmung immer bewusst. Die Tradition, den Atem in Bewegungsübungen des Taijiquan oder Qigong fließen zu lassen, ihn beim indischen Yoga zu kontrollieren und zu lenken oder ihn in buddhistischen Meditationspraktiken zu beobachten, ist seit Jahrtausenden ungebrochen.
Bei uns starteten vor rund 100 Jahren Sängerinnen mit der modernen Atemtherapie. Der Arzt Cornelis Veening war in den 1920er-Jahren einer der bedeutendsten Atemlehrer. Er entwickelte die atembezogene Seelenheilkunde als eigenständigen atempsychologischen Weg. Heute werden Atemtherapien bei Erschöpfung, Schlafstörungen, sogar Angstzuständen angewandt.
Die richtige Atmung hat also direkte Auswirkungen auf unseren Körper und unsere Seele. Beobachte einfach mal, wohin dein Atem fließt. Heben sich bei dir vor allem Brust und vielleicht die Schultern? Oder wölbt sich bei dir der Bauch beim Einatmen vor? Wenn sich bei dir vor allem Brust und Schultern heben, dann gehörst du zu den zwei Dritteln der Menschen, die unvorteilhaft atmen. Sie ziehen beim Einatmen den Bauch ein und heben die Schultern. Beim Ausatmen wölbt sich der Bauch raus.
Damit atmest du zu flach. **Je flacher die Atmung, desto schneller ist sie, und desto höher ist in der Regel auch die Herzfrequenz. Wenn wir ständig zu flach einatmen, bekommt der Körper zu wenig Sauerstoff, und das führt langfristig zu Verspannungen, Kopfschmerzen, Kreislaufproblemen, Müdigkeit und Konzentrationsschwäche.** Die gesamte Vitalität sinkt – auch unser Lustempfinden. Zusätzlich beeinflussen auch Umstände wie etwa Stress die Atmung. Wenn wir gestresst sind, atmen wir automatisch flacher, unregel-

Richtig atmen = schnell entspannen

Mit der Atmung die Psyche beeinflussen

Atmung und Psyche sind eng miteinander verbunden. Dieses Wissen hilft uns an grauen Tagen, denn in deinem Atem kannst du deine verschiedenen Seelenzustände wiederfinden: Hast du Angst, atmest du flach und schnell, bist du wütend, atmest du flach ein und heftig aus, bist du gestresst, atmest du viel ein und zu wenig aus, und bekümmert dich etwas, dann atmest du oberflächlich und unregelmäßig. So wie die Psyche den Atem beeinflusst, kann aber auch die Atmung die Psyche beeinflussen. Wenn du also deinen Atem bewusst einsetzt, (Vollatmung ausgehend vom Bauch und tiefe Ausatmung), kannst du in Krisenzeiten für mehr Ruhe und Gelassenheit sorgen – sozusagen von außen nach innen. Damit du den längeren Atem hast als die schlechte Laune oder Niedergeschlagenheit.

mäßig, atmen zu stark ein oder halten die Luft an. Dadurch aber wird die körperliche Erregung noch verstärkt.

Mit der richtigen Atmung können wir das Gegenteil bewirken, also entspannen, ent-stressen und den Körper mit Sauerstoff versorgen. Dadurch verbessert sich nicht nur die Laune, wir können auch besser denken.
Bei der sogenannten Vollatmung – dabei bewegen sich Brust und Zwerchfell – atmest du am effizientesten. Zuerst hebt sich durch die Zwerchfellatmung die Bauchdecke. Danach bewegen sich durch die Flankenatmung die Rippen links und rechts des Brustkorbs und der Rücken. Zuletzt heben sich die Schultern. Bei dieser Atmung wird der ganze Atemraum genutzt, die Lungen können sich maximal ausdehnen, und das Zwerchfell hat Platz, sich im Bauchraum auszudehnen.
Die Atmung hat auch Auswirkungen auf unsere Stimme. An ihr kann man oft erkennen, wie es einem geht. Wenn wir angespannt sind und flach atmen, hat das Zwerchfell nicht genügend Platz, um in den Bauchraum zu rutschen. Dadurch klingt auch die Stimme hoch und leicht gequetscht. Gerade bei Frauen kann man das oft hören. Geht es einem gut, atmet man tiefer, das Zwerchfell kann im Bauchraum schwingen, und man klingt entspannt und ruhig. Die Atmung ist also eine Art Seismograph unserer Gefühle.
Wenn du gerade stressige Zeiten durchmachst, habe ein Auge auf deine Atmung. Lege deine Konzentration dabei vor allem auf die Ausatmung. Verstärktes Einatmen fördert Anspannung und Verkrampfung, tief ausatmen hingegen entspannt und lockert.

Atme – atme – atme

MIT DER RICHTIGEN ATMUNG WERDEN SCHWIERIGE SITUATIONEN LEICHTER

Übungsanleitung

Folgende Atemübungen helfen dir, bewusst zu atmen und damit Blockaden und Spannungen zu lösen.

Wenn du Schwierigkeiten hast, in den Bauch zu atmen

- Nimm so auf einer Stuhlkante Platz, dass du stabil und aufrecht sitzen kannst, und halte deine Hände in einer entspannten Position in Brusthöhe. Die Fingerspitzen der einen Hand berühren leicht die Fingerspitzen der anderen Hand, zwischen den Handflächen bleibt etwas Raum.

- Presse nun die Fingerkuppen der kleinen Finger und der Ringfinger beider Hände zusammen, atme mit geschlossenen Augen ein und wieder aus und beobachte einfach nur, wohin dein Atem fließt. Lasse dies einige Atemzüge lang geschehen und löse den Druck dann auf.

- Presse nun die Kuppen der Mittelfinger beider Hände zusammen und beobachte einige Atemzüge lang, wohin dein Atem fließt. Nimm dann den Druck wieder heraus.

- Schließlich presse Zeigefinger und Daumen zusammen und beobachte, wohin dein Atem geht.

- Um die Übung zu beenden, stehe auf, falte die Hände hinter dem Kopf zusammen, drücke beim Einatmen die Ellenbogen leicht nach hinten, lasse beim Ausatmen die Ellenbogen leicht nach vorne kommen. Strecke und recke dich und gähne herzhaft.

Diese Übung hilft vielen Menschen, die nicht bewusst in den Bauch atmen können, weil die Atemluft durch den Druck der Finger entsprechend gelenkt wird. Beim Druck der kleinen Finger und der Ringfinger geht die Luft in den Bauchraum, beim Druck der Mittelfinger in die Flanken, und beim Druck von Daumen und Zeigefinger füllt die Luft den Brustraum. Mit dieser Übung habe ich schon viele Menschen in meinen Seminaren erstaunt, allerdings funktioniert sie nicht bei jedem. Mach dir also keinen Stress. →

»Das Kraut des Internisten und das Messer des Chirurgen heilen von außen, doch der Atem heilt von innen. Alle Heilung geht durch den Atem.«

Paracelsus

Wenn du schnell entstressen willst

- Atme durch die Nase in den Bauch ein und mache bei diesem Atemzug zweimal ganz kurze Pausen. Du drittelst den Atemzug praktisch und unterbrichst ihn mit den kurzen Pausen.

- Deine Arme hängen anfangs entspannt neben deinem Körper, die Handflächen zeigen nach vorne. Unterstütze die Einatmung, indem du die Hände von unten nach oben in Richtung Brust führst. Die Handflächen sind am Ende des Atemzugs deiner Brust zugewandt, berühren diese aber nicht. In den kurzen Atempausen stoppen auch die Hände für einen kurzen Moment in der Bewegung. Stelle dir dabei vor, wie du Kraft und Ruhe in dich hineinsaugst.

- Atme langsam in einem Atemzug mit leicht geöffneten Lippen durch den Mund aus. Wichtig ist, dass du völlig ausatmest. Dabei kann dein Atem gerne hörbar werden. Die Hände bewegen sich dabei in einem Zug nach unten und hängen dann wieder entspannt neben deinem Körper. Stelle dir dabei vor, wie du den Stress und die hohe Erregung ausatmest.

- Wiederhole die Ein- und Ausatmung mehrfach. Dabei darf die Ausatmung länger sein als die Einatmung. Du wirst schnell spüren, wie du ruhiger und gelassener wirst.

Wenn Kreativität fehlt

Die einseitige Nasenatmung, auch Wechselatmung oder auf Sanskrit Nadi Shodhana genannt, kommt aus dem Yoga. Mit dieser Atemtechnik kannst du bei Erschöpfung und Ermüdung kurzfristig deine Konzentration steigern. Sie wirkt belebend und erfrischend, weil sie die Durchblutung im Gehirn anregt.

- Mache mit der rechten Hand eine lockere Faust und halte Daumen und Ringfinger gestreckt. Du kannst statt des Ringfingers auch den kleinen Finger strecken.

- Hebe die Hand und halte mit dem Daumen das rechte Nasenloch zu. Atme durch das freie linke Nasenloch tief ein und zähle dabei bis vier. Dabei darf sich dein Bauch leicht nach außen wölben.

- Verschließe dann mit dem Ringfinger das linke Nasenloch, sodass beide Nasenlöcher geschlossen sind. Halte die Luft an und zähle dabei wieder bis vier.

- Löse nun den Daumen und öffne das rechte Nasenloch, das linke bleibt geschlossen. Atme lange und gleichmäßig aus und zähle dabei bis acht. Leere die Lungen dabei, so gut du kannst. Die Bauchdecke bewegt sich dabei nach innen.

- Atme jetzt durch das freie rechte Nasenloch wieder ein und zähle dabei bis vier. Deine Bauchdecke wölbt sich wieder nach außen. Verschließe mit dem Daumen das Nasenloch, nun sind wieder beide Nasenlöcher verschlossen. Nachdem du bis vier gezählt hast, nimmst du den Ringfinger vom linken Nasenloch und atmest lange und gleichmäßig aus. Zähle dabei bis acht.

- Wiederhole diesen Ablauf mehrfach. Also immer ein Nasenloch verschließen, durch das andere einatmen. Dann beide Nasenlöcher verschließen und in der Atemfülle die Luft anhalten. Zum langen Ausatmen das zuvor verschlossene Nasenloch öffnen.

- Anfänger atmen ein und halten die Luft an und zählen dabei bis vier. Beim Ausatmen zählen sie bis acht. Fortgeschrittene können auch 4:8:8 zählen.

Bei Lampenfieber

Und noch eine Atemübung aus dem Yoga, die ausgezeichnet hilft, wenn du aufgeregt bist und dich ein bisschen »abkühlen« und gleichzeitig stärken willst.

- Atme tief durch die Nase ein und halte kurz die Luft an.

- Dann streckst du die Zunge weit raus und atmest lange und hörbar durch den Mund aus. Du hörst dich dann ein bisschen wie ein Löwe an, deswegen heißt diese Übung auch Löwenatmung.

Lachen HILFT (fast) immer

An Tagen, an denen man am liebsten im Bett bleiben und sich die Decke über den Kopf ziehen möchte, hat man eigentlich nichts zu lachen. Selbst wenn einem etwas Lustiges über den Weg läuft, erkennt man es nicht, weil man zu sehr mit grauen Gedanken beschäftigt ist. Doch Lachen macht das Leben leichter – also setze es ein wie Medizin.

Auch wenn dir der Impuls auf dieser Seite vielleicht buchstäblich lächerlich vorkommen mag, möchte ich dich bitten, es einfach auszuprobieren. Lache einfach mal los – auch wenn dir im Moment nicht danach ist. Das wird dir vermutlich erst mal schwerfallen und sich auch nicht echt anfühlen. Aber bleibe dran: lache. Vielleicht kannst du anfangs nur leise glucksen. Vielleicht kannst du auch gleich laut lachen. Hauptsache, du imitierst das, was wir unter Lachen verstehen. Gerade am Anfang hilft es, wenn du dir etwas Lustiges vorstellst. Manche müssen bei der Vorstellung von Dick und Doof sofort schmunzeln. Andere grinsen bei dem Gedanken an etwas Peinliches, das jemand anderem passiert ist.

Zu meiner Coachingausbildung gehörten Meditationen – auch Lachmeditationen. Dabei liegen viele Menschen nebeneinander auf dem Boden, und jeder lacht vor sich hin. Laut oder leise. Es ist ein bisschen wie ein Zimmer voller Narren. Lange konnte ich dem nichts abgewinnen, denn oft genug war mir das Weinen näher als das Lachen. So lag ich die meiste Zeit einfach nur dabei und fand alles blöd und peinlich. Aus meinem zaghaften »hahaha« wurde kein lautes, echtes Lachen. Doch eines Tages gelang es mir, in die Meditation einzutauchen. Das Lachen der anderen schwappte an mich ran, hob mich hoch und trug mich fort. Ich konnte nicht anders als mitlachen. Wie Wellen strömte das Lachen in dem Raum hin und her. Ebbte bei einem das Lachen gerade ab, hörte man das Glucksen am anderen Ende des Zimmers, und man fing selbst wieder an. Die Lachwelle dauerte über eine halbe Stunde. Dreißig Minuten, in denen man nicht anders kann, als immer wieder aus vollem Hals zu lachen. Bis einem der Bauch wehtut.

Bei Lachmeditationen oder beim Lachyoga trainiert man, grundlos zu lachen, mit dem Ziel, dass aus dem künstlichen ein echtes Lachen entsteht. Frei nach dem Motto »Fake it, until you make it«, also, täusche es so lange vor, bis es echt ist. In weltweit über 6000 Lachclubs wird Lachyoga geübt. Aber auch in Unternehmen, Universitäten, Kliniken und Selbsthilfegruppen wird es praktiziert.

Lachen macht gesund

Doch warum geben sich so viele Menschen so viel Mühe, um grundlos zu lachen? Lachen ist gut für den Körper und die Seele. Durch das Lachen wird der Körper besser mit Sauerstoff versorgt. Das baut Stress ab und kurbelt den

»Wir lachen nicht, weil wir glücklich sind – wir sind glücklich, weil wir lachen!«

Madan Kataria

Kreislauf an. Sogar das Immunsystem soll durch regelmäßiges Lachen gestärkt werden. Und auch vor unserer Seele macht das Lachen nicht halt. Die Stimmung verbessert sich nach einer Lach-Einheit deutlich.

In der Gruppe Lachen zu üben, bringt natürlich schneller Ergebnisse, denn man wird durch die Energie der anderen getragen. Aber auch alleine funktioniert es. Beginne damit, dass du dich vor einen Spiegel stellst und dich einfach nur anlächelst. Mehr muss es am Anfang nicht sein. Erst mal nur die Mundwinkel nach oben bewegen. Und dann – nach und nach – wirst du dich ehrlich und offen anlächeln können. Wenn du so weit bist, dann versuche es mit einem lauten Lachen. Steigere dich ruhig rein. Lache los, pruste, schnaufe. Du wirst bestimmt bald merken, dass es wirkt. Denn erstaunlicherweise ist Lachen keine Einbahnstraße: Wenn es uns gut geht, lachen wir. Aber andersrum geht es auch: Wenn wir lachen, geht es uns besser. Madan Kataria, Arzt und Yogalehrer aus Mumbai, inspiriert bei Vorträgen weltweit Menschen zum Lachyoga.

Stecke andere mit deinem Lachen an

Vor ein paar Tagen traf ich zwei Kolleginnen und begrüßte sie. Daraufhin meinte die eine, ich würde so strahlen, bei mir sei wohl alles gerade wundervoll. Meine Antwort brachte uns alle drei zum Lachen, denn ich meinte, dass gerade gar nichts wundervoll sei, denn mein Mann säße zu Hause mit schlimmen Herzschmerzen, und dann gäbe es noch andere private Herausforderungen, aber ich hätte beschlossen, dagegen anzustrahlen und auf das zu schauen, was gut in meinem Leben sei. Ähnlich wie der Himmel auf der einen Seite wundervoll blau sein kann, während auf der anderen Seite dicke Gewitterwolken aufziehen. Nun kann ich mir Sorgen über die Gewitterwolken machen, noch bevor sie wirklich da sind, oder mich am Blau erfreuen. Ich schaue lieber solange es geht auf die Sonnenseite und hole mir dort Kraft für die Zeit, wenn das Gewitter sich wirklich über mich ergießt. Solange man die blaue Sonnenseite vor Augen hat, kann man auch strahlen. Das wirkt sich – wie mir das Gespräch mit den Kolleginnen gezeigt hat – auf andere aus, und das wiederum strahlt positiv zu mir zurück. Ein kleiner Kreislauf des Lachens sozusagen.

Das grundlose Lachen bei einer Meditation oder beim Lachyoga hat übrigens noch einen Vorteil: Wir trainieren die Bauchmuskeln, ohne ins Schwitzen zu kommen.

Also probiere es aus: einmal am Tag fünf Minuten lachen. Am Wochenende gerne länger. Vielleicht kannst du deine Familie oder Freunde dazu bringen mitzulachen. Wenn nicht, nimmt deinen Hund und lache mit ihm – das ist dann wirklich tierisch lustig, und vielleicht kommt das echte Lachen dann ganz schnell.

HIER GEHT ES UM DICH!

Der wichtigste MENSCH *in deinem Leben*

Wirf doch einmal einen Blick auf deinen Alltag und überprüfe, wie viele Rollen du täglich besetzt. Die Rolle der Berufstätigen, der Mutter, des Vaters, der Partnerin, des Partners, des Kollegen, der Freundin, des ehrenamtlich Engagierten und noch einige andere? Damit bist du vermutlich so ausreichend beschäftigt, dass kein Platz mehr ist für den wichtigsten Menschen in deinem Leben: für dich. Deswegen habe ich die folgenden Seiten nur für dich reserviert.

Vielleicht hast du eine Idee davon, wie dein Leben aussehen soll und was du gerne machst. Du hast nur bislang den Weg nicht gefunden, um dir deine Bedürfnisse zu erfüllen. Vielleicht weißt du aber längst nicht mehr, was dich eigentlich nährt, was dir so viel Freude bringt, dass du darüber die Zeit vergisst. In beiden Fällen wirst du hier Impulse und Übungen finden, (wieder) mehr zu dir zu finden, zu deinen Gefühlen, zu deinen Wünschen, zu dem, was du brauchst, um glücklich sein zu können. Oft sind das nicht die großen Veränderungen. Ich sage gern im Spaß, dass man sich nicht gleich scheiden lassen, den Job wechseln oder die Kinder zur Adoption freigeben muss. Oft hilft es, wenn man sich selbst wichtig genug nimmt und sich nicht immer an letzte Stelle stellt. **Du solltest deine Wünsche und Bedürfnisse so wichtig nehmen wie die von anderen auch. Denn wenn du nicht selbst gut für dich sorgst, tut es keiner.**

Auf den folgenden Seiten findest du ganz unterschiedliche Übungen und Impulse. Vielleicht spricht dich spontan eine Überschrift an, dann fang einfach direkt auf dieser Seite an. Die Übungen sind nicht aufeinander aufgebaut, sodass du ganz nach deinen Bedürfnissen loslegen kannst. Da es vor allem um dich geht, wäre es toll, wenn du dir die Zeit zum Lesen und Üben so gemütlich wie möglich machen könntest. Setz dich in deinen Lieblingsstuhl, trinke eine Tasse Tee oder Kaffee, zünde eine Kerze an. Dann hast du gleich eine kleine Auszeit für dich.

Sei DIR *wichtig*

Manchmal kommen schwere Zeiten unvorhergesehen. Durch Ereignisse von außen. Oft aber schleichen sich ganz langsam graue Tage ein. Anfangs drücken wir oft die Augen fest zu und wollen es nicht bemerken, dass etwas nicht stimmt. Und wenn man endlich genauer hinschaut, steckt man schon mitten drin im Schlamassel. Eine gute Möglichkeit, mal wieder unbeschwerter den Alltag zu erleben: Sei dir wichtig.

In Krisenzeiten, in denen wir energetisch ohnehin schon im Reservemodus laufen, ist unsere Aufmerksamkeit oft nach außen gewandt. Wir plagen uns mit Gedanken, was andere von uns denken mögen, wie unser Verhalten wohl bei anderen ankommen mag, welche Erwartungen andere an uns haben und wie wir diese erfüllen können. Die einen tun es aus Gewohnheit. Sie kennen es einfach nicht anders, als gedanklich und emotional viel bei anderen zu sein, immer für andere da zu sein. Andere brauchen sehr stark die Anerkennung von außen und kümmern sich deswegen stark um die Meinung des Umfelds. Beiden ist gemein, dass dieses »Im-Außen-Sein« Kraft kostet und vom eigentlich Wichtigen ablenkt: von dir selbst.
An grauen Tagen ist man überall, nur nicht bei sich selbst. Man vermeidet sich selbst, geht sich selbst aus dem Weg. Solange wir uns nicht selbst begegnen, müssen wir auch nicht hinschauen. Wir legen keine Rast ein, um festzustellen, was da gerade nicht richtig läuft. Im Gegenteil. Viele schalten einen Gang hoch, um noch schneller laufen zu können. Laufen vor sich davon. Sie hoffen, wenn sie lange genug gelaufen sind, wird diese Krise irgendwie vorüberziehen. Doch das ist ein Irrglaube. Krisen sind dazu da, um etwas zu lernen. Und das geht nicht im Dauerlauf. Erst wenn wir den Mut finden, langsamer zu machen, vielleicht sogar für einen Moment stehen zu bleiben, wenn wir uns trauen hinzuschauen – dann erkennen wir, welcher Sand im Getriebe steckt und was wir tun müssen, damit das Getriebe wieder reibungslos läuft. Doch dafür sind Kraft und Energie notwendig, die in schweren Zeiten oft fehlen. Um zu verhindern, dass der Akku komplett leerläuft, gibt es ein ganz einfaches Gegenmittel: Richte in schweren Stunden deine Aufmerksamkeit vor allem auf dich selbst.

Nur wer gut für sich sorgt, kann gut für andere sorgen

Viele haben es nie gelernt, sich selbst in den Mittelpunkt zu stellen beziehungsweise wirklich auf sich selbst zu achten und für sich zu sorgen. Ganze Generationen sind erzogen worden mit dem festen Glauben, dass es egoistisch sei, für sich selbst da zu sein, nach dem Motto »Gut ist der, der für andere da ist«. Ich denke, dass beides wichtig ist. Für andere da zu sein und für sich selbst. Denn nur wer gut für sich

selbst sorgt, kann auf Dauer auch gut für andere sorgen. Wer immer nur für andere da ist, wird irgendwann unzufrieden oder sogar krank.
Eine Klientin von mir hat ihren Mann nach einem Schlaganfall jahrelang gepflegt und dazu die Leitung seines Unternehmens übernommen. Es ging nur noch um die Bedürfnisse des Mannes, der Mitarbeiter und der Kunden. Dass sie das überforderte, war völlig klar, aber darüber wollte sie nicht reden. Auch nicht, als sie eine Autoimmunkrankheit bekam. Dabei schwollen ihre Hände so an, dass die Sehnen von jeweils zwei Fingern ihrer Hände rissen. Seitdem kann sie diese Finger kaum noch bewegen. Trotzdem machte sie weiter, ohne sich Unterstützung zu holen. Sie hatte in ihrer Kindheit gelernt, dass sie nur geliebt wird, wenn sie für andere da ist. Je schlechter es ihr ging, desto aufopferungsvoller umhegte sie ihren Mann und sogar den Hund.
Dies ist sicherlich ein krasser Fall, aber vielleicht kommt dir dieses Verhalten bekannt vor. Lieber kümmert man sich um die Sorgen und Nöten der Freundinnen, der Kumpels, der Kollegen und Nachbarn als um die eigenen. Das ist in der Tat leichter, weil man emotional nicht so tief drinsteckt. Aber in eigenen Krisenzeiten hilft es leider nicht.

Wenn du also spürst, dass es bei dir gerade nicht rundläuft, ist eine erste Gegenmaßnahme: stelle dich Selbst in den Fokus deiner Aufmerksamkeit. Gönne dir jeden Tag ein paar Minuten, in denen es nur um dich geht. Ein erster Schritt sind folgende Fragen, die du dir regelmäßig – am besten täglich mehrfach – stellen solltest:

Wie geht es mir gerade?

Was bräuchte ich jetzt, damit es mir besser geht?

Kann ich mir das, was ich gerade bräuchte, beschaffen?

Wie geht es dir?

Als ich meiner Klientin, die zu mir kam, nachdem sie bereits viele Jahre ihren Mann gepflegt hatte, zum ersten Mal die Frage stellte, wie es ihr gerade gehe, fing sie an zu weinen. Nur aus dem Grund, weil ihr schon so lange niemand mehr diese Frage gestellt hatte. Wenn du merkst, dass dich diese Frage traurig macht, lass die Emotionen raus. Tränen befreien und nehmen viel Druck von der Seele. Oft ist diese Traurigkeit ein Zeichen dafür, dass du dich selbst gerade vernachlässigst.
Wenn du dir diese Frage regelmäßig stellst, werden neben der Traurigkeit andere Gefühle hochkommen. Am Anfang vielleicht nur eine Leere. Vielleicht auch Wut oder Müdigkeit. Wenn du kannst, nimm alle Gefühle so an, wie sie kommen. Nimm sie zunächst einmal einfach nur wahr.

Wenn du etwas mehr Zeit hast, frage dich, was du jetzt bräuchtest, damit es dir besser geht. Horche dabei aufmerksam in dich hinein. Am Anfang dauert es vermutlich etwas länger, bis dein Körper und deine Seele verständlich mit dir kommunizieren, aber je öfter du mit ihnen im Gespräch bist, desto schneller wirst du spüren, was sie gerade benötigen. Oft sind es übrigens nicht die Tafel Schokolade oder die Tüte Chips. Das sind meist nur Ersatzbefriedigungen, weil wir uns nicht die Zeit nehmen herauszufinden, was wir gerade wirklich brauchen. Oft brauchen Körper und Seele etwas anderes: ein gutes Gespräch, etwas Bewegung, eine kleine Pause oder ein Kissen, in das du deinen Zorn hineinboxen kannst.

Sprich mal mit dir selbst

Du kannst dir diese Frage, wie es dir im Moment geht, stellen, wann immer sich die Möglichkeit dazu ergibt. In der Schlange an der Supermarktkasse – anstatt dich darüber aufzuregen, dass alles so lang dauert, horche lieber in dich hinein. Kommuniziere in langen Meetings doch mal fünf Minuten mit dir selbst. Es ist wirklich erstaunlich, wie viel besser gelaunt man auf diese Art die langweiligsten Besprechungen verlässt. Ich nutze monotone Hausarbeit wie Wäscheaufhängen oder Staubsaugen dazu, mir und meinen Befindlichkeiten auf die Spur zu kommen. Wenn du dir ein paar ganz intensive Minuten am Tag gönnen willst, dann nutze die letzten Minuten, bevor du ins Bett gehst, und biete deinem Körper und deiner Seele eine Extraportion Selbstliebe. Creme dich liebevoll mit einer schönen Lotion oder einem Öl ein. Danke deinem Körper für alles, was er dir Gutes getan hat, und frage dich dabei, wie es dir jetzt geht. Stelle dich in diesen Minuten voll und ganz in den Mittelpunkt deiner Gedanken. Die Klientin, von der ich vorhin erzählt habe, musste übrigens siebzehn Jahre nachdem sie das Unternehmen ihres Mannes übernommen hatte, Insolvenz beantragen. Die Monate davor waren die schlimmsten in ihrem Leben, doch in dem Moment, in dem sie die Leitung für die Mitarbeiter abgeben konnte, ging es ihr Schritt für Schritt besser. Jetzt baut sie sich mit 50 Jahren eine berufliche Zukunft auf, an der sie Freude hat. Das ist nicht leicht, zumal der kranke Mann weiterhin gepflegt werden muss, aber sie merkt, wie wichtig es ist, etwas zu machen, was sie gerne macht. In unseren Coaching-Gesprächen geht es viel darum, wie sie lernen kann, sich selbst mehr Gutes zu tun und nicht immer nur anderen.

Allein das Nachdenken über dich und deine Situation kann bereits zu positiven Veränderungen führen. Davon ist auch die Wissenschaft überzeugt. Michaela Brohm-Badry, Präsidentin der Gesellschaft für Positiv-Psychologische Forschung (DGPPF) und Professorin für empirische Lehr- und Lernforschung an der Universität Trier, meinte dazu in einem Interview im Deutschlandfunk Kultur: »Wir haben empirische Befunde aus einer sehr großen Studie an über 600 Teilnehmerinnen und Teilnehmern … Reflexionszeit und Leistungsmotivation hängen ganz deutlich zusammen. Das heißt, wenn Menschen Zeit haben, darüber nachzudenken, über sich selbst und ihre Handlungen nachzudenken, werden sie auch leistungsmotivierter.«

Nachdenken ja, grübeln nein

Nimm dir also mit gutem Gewissen die Zeit, über dich nachzudenken. Dabei geht es nicht darum, dass du tagelang grübelst und dich immer wieder in der gleichen Gedankenschleife drehst. Hier geht es darum, dass du lösungsorientiert denkst. Und am besten zeitlich begrenzt. Nimm dir zehn oder fünfzehn Minuten, um die Fragen von oben zu beantworten. Versuche, andere Gedanken, die aufkommen, zur Seite zu schieben. In diesen Minuten geht es ganz konkret darum, wie es dir geht und was du gerade brauchst, damit es dir besser geht. Beende ganz bewusst nach ein paar Minuten das Nachdenken und komme ins Hier und Jetzt zurück.

Wann immer du das Gefühl hast, dass wieder einmal alles wichtiger auf der Welt ist als du selbst, nimm dir ein paar Minuten, um dir die Fragen von oben zu stellen und zu beantworten. Auf diesem Weg kommt die Motivation, die du brauchst, um den Alltag zu bewältigen, ein Stück weit von selbst.

Das SIGNALLÄMPCHEN *im Bauch*

Allein, dass du dich um deine Bedürfnisse kümmerst, wird für ein paar Sonnenstrahlen in deinem Leben sorgen. Und dann wirst du es nach und nach auch häufiger schaffen, dir selbst das zu geben, was du gerade benötigst. Manche Menschen sind sehr gefühlsbetont, manche werden mehr vom Verstand geleitet. Allen gemeinsam ist, dass Gefühle wichtige Informationen liefern, die das Leben erleichtern, wenn wir sie richtig deuten.

Autos haben uns Menschen definitiv etwas voraus. Sie haben Signallampen, die anzeigen, wenn etwas nicht stimmt. Wir Menschen haben gelernt, auf diese Signallampen zu achten. Wenn die Benzinleuchte blinkt, fahren wir an die nächste Tankstelle. Wenn ein Lämpchen anzeigt, dass eine Tür nicht richtig geschlossen ist, steigen wir aus, um diese zu schließen. Die Bedürfnisse unseres Autos erfüllen wir in der Regel umgehend, weil wir wissen, dass es ansonsten Folgen haben wird. Aber was machst du, wenn deine Signallämpchen im Bauch aufleuchten? Schenkst du denen so viel Aufmerksamkeit wie den Signallampen in deinem Auto? Handelst du umgehend, damit das, was die »Leuchte« in deinem Bauch andeutet, repariert wird? Viele machen genau das Gegenteil. Sie ignorieren das, was ihnen der Bauch sagen will. Tun so, als wäre nichts. Weil die Folgen nicht so unmittelbar auf dem Fuß folgen wie beim Auto. Wenn man die eigenen Signalleuchten lange genug übersieht, blinken sie irgendwann nur noch so schwach, dass man sie wirklich problemlos missachten kann. Kennst du das auch?
Jedes Mal, wenn du ein Signallämpchen übersiehst, ignorierst du ein Gefühl. Deine Gefühle sind nichts anderes als kleine Leuchten, die anzeigen, wie es um dich steht. Lachst du viel, ist es ein Zeichen, dass du dich wohlfühlst und es gerade gut läuft. Fühlst du dich traurig, muss noch etwas verarbeitet werden. Fühlst du dich zornig, hat wohl jemand den Finger in eine Wunde gelegt oder eine Grenze überschritten.

Wie gehst du mit deinen Gefühlen um?

Deine Gefühle machen dir deutlich, dass jetzt irgendetwas mehr Aufmerksamkeit benötigt. Also wäre es wichtig und sinnvoll, auf die eigenen Gefühle zu achten und bei Bedarf schnell darauf zu reagieren. Doch warum handeln viele oft genau anders? Warum ignorieren viele ihre Gefühle? Die Antwort ist relativ einfach: Sie wissen nicht, wie sie mit ihnen umgehen sollen. Die einen werfen sich voll ins Gefühl hinein, werden praktisch das Gefühl selbst, sind die personifizierte Trauer oder Wut, und andere schneiden sich von ihren Gefühlen ab, verbuddeln sie am liebsten irgendwo tief im Bauch. Das wäre so, als würdest du anfangen, zu weinen und zu wehklagen, wenn die Benzinleuchte im Auto aufleuchtet. Oder aber du ignorierst die Leuchte in der Hoffnung, dass das Auto schon irgendwie weiterfahren wird. Beide Reaktionen machen wenig Sinn, und deswegen handeln wir in der Regel auch anders. Im Zusammenhang mit dem fahrbaren Untersatz agieren wir also pragmatisch und kopfgesteuert. Doch wenn es um Gefühle geht, die uns auf einen Missstand hinweisen wollen, schalten wir den Verstand oft aus. Dabei benötigen wir ihn unbedingt, um mit ein bisschen Distanz herauszufinden, was uns die Gefühle eigentlich sagen wollen.

Überlege einmal, wie du mit unangenehmen Gefühlen umgehst. Wenn Neid, Eifersucht, Abneigung oder Enttäuschung hochkommen? Gibst du dich voll dem Gefühl hin? Ärgerst du dich schwarz? Oder wirst rot vor Wut? Oder versuchst du die negativen Gefühle zu unterdrücken? Lässt du Angst, Wut oder Zorn gar nicht erst hochkommen? Beide Wege führen über kurz oder lang dazu, dass dir dein Leben grauer vorkommt, als es eigentlich ist. An dem einen Weg liegen – oft unnötig – Kummer und Tränen. Der andere endet in der emotionalen Leere. Denn wenn man sich ständig von seinen unerwünschten Gefühlen abschneidet, bleiben am Ende gar keine Gefühle übrig. Auch die positiven nicht. Vielleicht hast du das auch schon bemerkt, dass du dich bei dem Versuch, unerwünschte Gefühle aus deinem Leben zu verdrängen, irgendwann einmal auch nicht mehr richtig freuen konntest. Die US-amerikanische Sozialwissenschaftlerin Brené Brown hat viele Jahre über die Themen Scham und Verletzlichkeit geforscht und dabei festgestellt, dass die unangenehmen Gefühle mit den angenehmen zusammenhängen. Bei dem Versuch, die unerwünschten Gefühle wie

Scham, Wut und Trauer aus dem Leben zu verbannen, verschwinden auch die schönen wie Freude und Zufriedenheit. Wenn wir uns also im Leben aus vollem Herzen über etwas freuen möchten, müssen wir leider auch in Kauf nehmen, dass wir auch mal aus tiefstem Herzen leiden.

Lerne, deine Gefühle zu lesen

Wenn du dich also nicht völlig von allen Gefühlen abschneiden möchtest, gehst du am besten mit den Zeichen, die dir dein Bauch gibt, aufmerksam um. Sobald du etwas spürst – einen Kloß im Hals oder ein ungutes Gefühl im Bauch –, halte für einen Moment inne und nimm das Gefühl wahr. Lass es erst einmal in dein Bewusstsein kommen. Dieses Signallämpchen will dir mitteilen, dass gerade etwas nicht stimmt. Dass du gerade verletzt wurdest oder dich etwas wütend macht. Wenn du aufmerksam in dich hineinfühlst, erkennst du die eigentliche Botschaft. Was fehlt dir wirklich? Aufmerksamkeit vom Partner? Wertschätzung von Kollegen? Oder brauchst du Unterstützung von Freunden? Nur wenn du deine Gefühle bemerkst und achtsam mit ihnen in den Dialog trittst, wirst du erfahren können, was dir wirklich fehlt. Gerade negative Gefühle wollen wir oft nicht »hochkommen« lassen und verdrängen sie deswegen lieber. Doch sie werden zurückkommen – größer als zuvor. Also schaue dir deine Gefühle besser gleich an. Wenn du sie beachtest, wirst du oft feststellen, dass sie ganz von alleine kleiner werden.

Eine Klientin von mir litt furchtbar, als ihr Mann sich von ihr trennte. In wenigen Wochen nahm sie zehn Kilo ab. Sie dachte, sie hätte Liebeskummer und würde ihren Mann vermissen. Als ich ihr riet, sich ihre Gefühle einmal genau anzuschauen, bemerkte sie, dass sie eigentlich vor allem stinksauer auf den Kerl war und sie sich dafür rächen wollte, so schnöde sitzen gelassen worden zu sein. Ihre Gefühle hatten mit Liebeskummer nichts zu tun. Als sie das erkannt hatte, konnte sie anders handeln. Sie konnte ihre Wut in Energie umwandeln und ihr Leben nun ohne den Mann in die eigenen Hände nehmen.

Es ist nicht immer leicht, seinen Gefühlen die benötigte Aufmerksamkeit zu schenken. Vor allem, wenn du schon lange keinen regelmäßigen Kontakt mehr zu ihnen hast. Hier ist Achtsamkeit wichtig, um nicht jedes Gefühl, das hochkommt, sofort zu unterdrücken. Wenn du in der Situation, in der ein Gefühl stark wird, (noch) nicht in der Lage bist herauszufiltern, was hinter dem Gefühl eigentlich steckt, nimm dir abends die Zeit, es zu hinterfragen. Wenn du deine Gefühle als Partner verstehst, die dir etwas Wichtiges vermitteln wollen, und nicht als Feinde, die dich leiden lassen, kannst du jedes einzelne mit der entsprechenden Aufmerksamkeit willkommen heißen.

Na, wer seid ihr denn?
MIT GEFÜHLEN IN KONTAKT TRETEN

Übungsanleitung

- Nimm dir eine halbe Stunde Zeit und setze dich an einen ruhigen Ort, an dem du ungestört bist.
- Fühle in dich hinein, was da gerade vorgeht.
- Beobachte aufmerksam, aber mit etwas Distanz, welche Gefühle sich zeigen. Ähnlich, wie man ein scheues Tier in der Natur beobachtet.
- Schau dir das, was sich zeigt, genau an und frage vorsichtig nach, was es dir sagen möchte. Nicht immer ist der erste Eindruck der richtige.
- Lass dir Zeit. Wenn du zu schnell vorgehst, verscheuchst du das Gefühl.
- Heiße das Gefühl – auch wenn es ein unangenehmes ist – willkommen. Sag ihm, dass du es siehst. Unangenehme Gefühle werden oft kleiner, wenn man sie anerkennt und nicht mehr verdrängt.
- Wenn du in Ruhe und mit etwas Distanz Kontakt mit deinen Gefühlen aufnimmst, wirst du feststellen, was genau sie dir sagen wollen.

Diese Übung basiert auf der Methode »Focusing«. Wenn du Lust hast, noch tiefer mit deinen Gefühlen in Kontakt zu treten, kannst du Focusing mit einem Coach zusammen machen oder mihilfe eines Buches oder eines Kurses lernen.

Du SCHAFFST das

Jeden Tag schafft jeder Mensch unglaublich viele unterschiedliche Dinge. Und dennoch glauben viele nicht an sich und ihre eigene Kraft. Vieles, was sie gerne machen würden, versuchen sie erst gar nicht – immer mit dem Gedanken, »Das schaffe ich eh nicht«. Oder sie machen sich abhängig von der Unterstützung anderer und gehen dadurch viel zaghafter durchs Leben, als es notwendig wäre.

Stell dir einmal folgende Situation vor: Du bist 5 Jahre alt und kletterst auf einem sehr hohen Baum immer höher. Deine Mutter oder dein Vater stehen unter dem Baum und schauen zu dir herauf. Was hätten deine Eltern gerufen? »Das schaffst du, und wenn du willst, schaffst du es noch ein bisschen höher. Aber halte dich gut fest.« Oder hätten sie gerufen, »Komm jetzt ganz vorsichtig runter. Das ist viel zu gefährlich. Du wirst dich verletzen«? Wenn deine Eltern zu der vorsichtigen Sorte gehörten, hattest du wenig Möglichkeiten, Vertrauen zu dir selbst zu gewinnen. Übervorsichtige oder besonders strenge, kritische Eltern und viele andere Erfahrungen in der Kindheit sorgen dafür, dass wir uns als Erwachsene wenig zutrauen und ganz besonders kritisch mit uns selbst sind. Wir bewerben uns nicht für eine andere Stelle, weil wir glauben, den Anforderungen nicht gerecht zu werden. Wir gehen bei Veranstaltungen nicht auf fremde Menschen zu, weil wir uns unsicher fühlen. Wir fangen nicht mal ein neues Hobby an, weil wir denken, dass wir zu untalentiert sind. Im Gegenzug bewundern wir andere für das, was die alles schaffen.

Weißt du eigentlich, was du alles schaffst? Ich weiß gar nicht, wie oft ich diese Frage schon gestellt habe: Klienten, Arbeitskollegen oder Freunden. Als Antwort bekomme ich oft: »Aber überlege mal, was andere alles schaffen.« Wenn du dein Selbstvertrauen ein wenig hochtunen möchtest – und es macht Sinn, das zu tun, denn ein gutes Selbstvertrauen kann dich vor vielen grauen Tagen schützen –, dann streiche als Erstes Vergleiche. Es geht nicht darum, was andere alles schaffen. Andere haben eine andere körperliche Konstitution, andere Talente oder andere Lebensumstände als du. Es geht nur darum, was du alles schaffst. Oft vergisst man

das – vor allem, wenn man keinen Job hat, bei dem man am Ende des Tages ein Haus gebaut oder einen Garten umgegraben hat. Oft sieht man nichts von all den Arbeiten und Anstrengungen.

Mach dir eine Liste deiner Leistungen

Deswegen schreibe dir einmal auf, was du den ganzen Tag so leistest. Vielleicht hast du dir ein Büchlein zum Reinschreiben angeschafft, in dem mittlerweile einige Gedanken stehen. Zu deiner Liste gehören alle Dinge, die du tagtäglich machst: Kinder wecken, Frühstück machen, durch den Stau zur Arbeit fahren, arbeiten, zurückfahren, Rechnungen überweisen und sortieren, Lebensmittel einkaufen, Kinder durch die Gegend fahren, Wäsche waschen, mit der Mutter telefonieren und so weiter und so fort. Du wirst schnell sehen, dass du jeden Tag eine ganze Menge leistest.

Und dann mach dir eine Liste mit all den besonderen Dingen, die du in deinem Leben gewuppt hast: lange Zeit in einem ungeliebten Job ausgehalten oder fünfzehn Kilo abgenommen oder alte Eltern betreut oder eine Scheidung durchgestanden oder mit körperlichen Schmerzen gelebt oder eine ungeliebte Kindheit überstanden. Viele Menschen sehen ihre eigenen Leistungen als nichts Besonderes. Und sind sich deswegen nicht darüber bewusst, was sie wirklich zu leisten imstande sind. Gehe für diese Liste dein gesamtes Leben durch. Welche Erfahrungen hast du gemacht, die hart für dich waren, die du aber trotzdem gestemmt hast? Deine Liste muss nicht lang sein, sie soll dir nur zeigen, dass du bereits harte Zeiten bewältigt hast.

Im nächsten Schritt kannst du dir überlegen, was du getan hast, um durch diese Zeiten zu kommen. Nimm dir ein bisschen Zeit, um darüber nachzudenken. An diesem Punkt sind viele Klienten der Meinung, dass sie selbst eigentlich nichts getan hätten. Wenn überhaupt hätten andere etwas getan. Erst wenn ich hier weiterfrage, erkennen viele, was eigentlich ihre Leistung war. Deswegen hinterfrage dich selbst freundlich, aber bestimmt, was du alles in einer schweren Situation geleistet hast, um sie zu verändern. Ich bin mir sicher, du findest einiges.

Die Klientin, von der ich vorhin bereits berichtet habe, die siebzehn Jahre ihren Mann gepflegt und dessen Firma geleitet hatte, musste nach der Insolvenz ganz schnell finanziell wieder auf die Beine kommen. Sie übernahm einen Kiosk in ihrer Stadt und bekam dabei Hilfe von einem Bekannten. Dieser Mann half ihr beim Verkauf und bei einigen anderen organisatorischen Dingen und bekam dafür Geld. Er führte sich aber auf, als sei er der Chef, wollte alles bestimmen und beschimpfte sie oft, dass sie wirklich nichts richtig machen würde. Sie ließ sich das alles gefallen, weil sie immer dachte, allein ohne seine Hilfe könnte sie es nicht schaffen. Sie übersah völlig, was sie bereits in den 17 Jahren zuvor alles ohne seine Hilfe geleistet hatte.

Wenn du auch immer mal wieder glaubst, du könntest nichts richtig, dann erinnere dich daran, was du alles während des Tages leistest und was du alles bereits in deinem Leben geleistet hast. Du hast bereits bewiesen, dass du auf dich selbst bauen kannst. Und deswegen stehen die Chancen gut, dass du es wieder schaffst.

Was passst EIGENTLICH *zu dir?*

Eine Ursache für graue Tage sind all die Dinge, die wir tagtäglich machen, die wir aber eigentlich nicht machen wollen. An vielem kommen wir nicht vorbei. Einige Dinge könnten wir uns aber durchaus ersparen, würden wir nur rechtzeitig darüber nachdenken, was zu uns passt und was nicht. Je besser du dich selbst kennst, desto eher weißt du, was dich glücklich macht.

Wieso schaffen es die einen, ein Leben zu führen, das ganz nach ihrem Geschmack ist, und andere nicht? Ist das nur Glück oder Schicksal? Ich glaube, es ist mehr. Ich glaube, dass die Menschen, die sozusagen ein maßgeschneidertes Leben führen, genau wissen, was zu ihnen passt und was nicht, und entsprechend handeln.

Je besser man sich kennt, desto zielgerichteter kann man sich das Leben einrichten, das einem gefällt. Es ist ein bisschen wie eine Wohnung einrichten. Wenn man aus dem Elternhaus auszieht, besitzt man noch viele Möbel, die man geerbt oder geschenkt bekommen hat. Oder die man billig irgendwo gekauft hat. Sie gefallen einem nicht besonders, aber sie tun ihren Dienst. Nach und nach ersetzt man die ungeliebten Teile gegen die, die einem wirklich gefallen. So ergeht es einem auch bei der Persönlichkeitsentfaltung. Am Anfang ist man das Produkt der Erziehung der Eltern und der gemachten Erfahrungen. Vieles, was in einem steckt, ist noch nicht zum Vorschein gekommen. Wie viele Menschen haben einen Beruf gewählt, weil die Eltern es so wollten oder weil sie dem Vater gefallen wollten, und sind damit furchtbar unglücklich geworden? Je intensiver man sich selbst im Laufe der Jahre kennenlernt, desto mehr weiß man, was einem wirklich Freude macht, und so kann man nach und nach die »übernommenen Teile des Selbst« gegen die ersetzen, die einem wirklich entsprechen.

Es gibt Aufgaben, die in den Bereich gehören, »Will ich nicht machen, muss ich auch nicht, aber ich habe es schon immer gemacht« (oder so ähnlich). Diesen Bereich solltest du dir genauer anschauen.

Willst du das wirklich?

Um herauszufinden, was einen zufrieden macht und was nicht, helfen Fragen. Eine Standardfrage bei allem, was du tust, könnte werden: »Will ich das wirklich?« Natürlich kannst du nicht nur Dinge tun, die du total gern machst. Jeder muss sich auch mit Dingen auseinandersetzen, die er nicht wirklich will. Dennoch hilft dir diese Frage beim Filtern. Es gibt Tätigkeiten, die kommen in die Abteilung »Will ich nicht, muss ich trotzdem machen«.

Dann Augen zu und durch. Es gibt Dinge, die gehören in die Abteilung »Ja, will ich machen«. Damit viel Freude.
Zu dem dritten Bereich zählen ganz viele Aktivitäten, die einen tagtäglich begleiten. Ich rede hier nicht von den kleinen Gefallen, die wir anderen tun. Solange wir damit andere wirklich entlasten können und uns selbst nicht zu sehr belasten, gehört das zu einem achtsamen Miteinander. Anders ist das mit den Tätigkeiten, die einem absolut nicht guttun: der tägliche, langweilige Plausch mit der Nachbarin, den du über dich ergehen lässt, obwohl du es eilig hast und dringend etwas anderes erledigen solltest. Einladungen von Menschen annehmen, in deren Gegenwart du dich nicht wohlfühlst. Jedes Jahr Weihnachtskarten basteln, obwohl du schon lange keine Lust mehr dazu hast. Viele ungeliebte Kleinigkeiten summieren sich am Ende des Tages. Es entsteht Frust statt Lust. Nutze die Zeit doch lieber, um dir selbst etwas Gutes zu tun.
Wenn du mit dieser kleinen Frage »Will ich das wirklich?« dein Leben durchkämmst, halte immer dann inne, sobald du bei einer Frage aus der 3. Kategorie stecken bleibst. Und dann stelle dir weitere Fragen:

Wenn ich es eigentlich nicht machen will, warum tue ich es dennoch?

Was würde passieren, wenn ich es nicht mehr machen würde?

Kann ich mit den Reaktionen darauf leben?

Sicherlich wirst du feststellen, dass es einige ungeliebte Dinge gibt, die du aus deinem Leben streichen könntest. Dann wage es! Fange mit einer Sache an. Gehe ungeliebten Plaudereien aus dem Weg, indem du freundlich, aber bestimmt erklärst, dass du gerade leider überhaupt keine Zeit hast. Wenn du es schaffst, deine alten Muster zu überwinden, und ungeliebte Dinge nach und nach ablegst wie alte Kleidungsstücke, kannst du dir dein Leben immer mehr »auf den Leib schneidern«.
Und wenn du es im Kleinen schaffst, kannst du dich auch an die großen Dinge ranmachen. Ein Klient von mir wollte unbedingt Karriere machen. Er war ehrgeizig und zielstrebig. Da er auch gut war, kletterte er schnell die Karriereleiter hoch. Und bald gehörte zu seinen Aufgaben auch Personalführung. Doch plötzlich verlor er die Freude an seinem Job. Auf der Suche nach den Gründen durchforsteten wir seine Tätigkeiten mit Blick auf die Frage »Will ich das wirklich?«. Es war eine riesige Erleichterung für ihn, als wir feststellten, dass seine Freudlosigkeit mit dem Job der Teamleitung einherging. Sein Talent lag nicht darin, Menschen zu führen. Er wollte es auch nicht, denn er sah diese Aufgabe als Belastung an. Als Einzelkämpfer und Troubleshooter fühlte er sich großartig, aber er wollte nicht für die Befindlichkeiten vieler unterschiedlicher Menschen verantwortlich sein. Dieser Mann wollte Karriere machen, aber er wollte keine Personalverantwortung. In solchen Fällen muss man sich überlegen, was das höhere Gut für einen ist. Mein Klient entschied sich gegen die Teamleitung und war sehr glücklich mit dieser Entscheidung.
»Will ich das wirklich?« Die Antwort auf diese Frage wird dir den Weg zeigen, um immer mehr das Leben leben zu können, das dir wirklich liegt.

Ich mach das jetzt nicht mehr!
LERNE, ANDERE ZU ENTTÄUSCHEN

Übungsanleitung

Andere zu enttäuschen und deren Erwartungen nicht zu erfüllen, fällt vielen von uns schwer. Weil wir Angst haben, nicht mehr geliebt zu werden, oder weil wir nie gelernt haben, Konflikte auszuhalten. Oft fehlen einfach nur die richtigen Worte, oder wir können unser schlechtes Gewissen nicht aushalten. Du kennst das sicherlich auch. Wenn du aber etwas in deinem Leben ändern möchtest, solltest du bereit sein, über diese Hürden zu springen. Du enttäuscht andere ja nicht einfach, weil dir langweilig ist, sondern weil die Situation für dich nicht mehr auszuhalten ist. Und ich finde, das ist ein guter Grund, um endlich aufzuhören, die Erwartungen anderer zu erfüllen.

- Überlege dir bei dem, was du tust, oder bei Anfragen, ob du eine Aufgabe übernehmen könntest: »Will ich das wirklich?«

- Solltest du feststellen, dass du die Sache, um die es geht, nicht (mehr) machen willst, denke über die Gründe nach, warum du es nicht machen willst. Überprüfe dabei auch deine Gefühle, denn die wissen oft besser als dein Kopf, was gut für dich ist.

- Du kannst in den meisten Fällen die wahren Gründe angeben, wenn du diese freundlich und mit Anstand formulierst. Bleibe dabei bei dir und deinen Beweggründen. Es ist keine Schande einzugestehen, wenn dir etwas zu viel wird, oder zu erklären, dass du dir vorgenommen hast, ein bisschen besser auf dich selbst aufzupassen.

- Stelle dich aber auch auf Gegenwind ein. Oft werden andere versuchen, dich doch noch umzustimmen, indem sie an dein Gewissen appellieren oder subtil mit Liebesentzug drohen. Sei dir dessen bewusst und wappne dich innerlich, indem du dir sagst, dass es gut und wichtig ist, für dich selbst zu sorgen. Oder um es ganz deutlich zu sagen: Die Verantwortung für dein Wohlbefinden liegt in deiner Hand. Wenn du nicht dafür sorgst, dass es dir gut geht, warum sollte es jemand anderes machen?

- Wenn sich ein schlechtes Gewissen einschleicht oder das Gefühl, nicht mehr geliebt zu werden, schaue dir diese Gefühle genauer an. Sind sie wirklich begründet, oder kommen diese Gefühle nur auf, weil du es aus Kindheitstagen so kennst? Lass die Gefühle zu, erkenne sie an, aber ändere ihretwegen nicht deine Meinung. Wenn du bereit bist, diese unangenehmen Gefühle eine Weile auszuhalten, werden sie bald verschwinden. Du darfst dir selbst ganz bewusst die Erlaubnis geben, andere zu enttäuschen. Denn du bist nicht auf der Welt, um die Erwartungen anderer zu erfüllen, sondern um dich selbst glücklich zu machen. Und letztendlich kannst du für andere viel mehr tun, wenn es dir selbst gut geht.

Zu lernen, mehr an sich selbst zu denken und damit andere zwangsläufig zu enttäuschen, ist nicht ganz einfach. Deswegen ist es hilfreich, sich Unterstützung zu holen. Vielleicht kannst du einer guten Freundin/einem Freund von deinem Vorhaben erzählen und erklären, wie wichtig das für dich ist (denn vermutlich wirst du diesen Menschen auch in irgendeiner Weise enttäuschen müssen), und mit ihr/ihm vereinbaren, dass sie/er dir vorbehaltlos den Rücken stärken wird.

Andere Menschen zu enttäuschen, ist nicht schön. Aber dennoch solltest du Erwartungen anderer nur erfüllen, wenn sie auch deinen eigenen Wünschen entsprechen.

So KOMMST DU *in den Flow*

Unter Flow versteht man ein Gefühl, das entsteht, wenn man in einer Tätigkeit völlig aufgeht. Wenn man so konzentriert und vertieft ist, dass man Raum und Zeit vergisst. Wenn alles praktisch von alleine geht, wenn alles fließt. Flow heißt im Deutschen nichts anderes als fließen, rinnen, strömen. Dieser Zustand ist zutiefst beglückend. Die Kunst ist es, Tätigkeiten zu finden, die einen genau in diesen Flow versetzen.

Als mein Mann seine Büroräume umbauen ließ, musste auch die kleine Einbauküche dran glauben. Ein Drittel der Arbeitsfläche musste weg. Diese Arbeit übernahm ich, weil ich ganz gerne handwerklich tätig bin. Allerdings habe ich das nie gelernt, und so mache ich beim Messen und Überlegen gerne Denkfehler, sodass am Ende doch irgendein Teil nicht zum anderen passt. In diesem Fall musste ich sehr genau und gewissenhaft arbei-

ten, denn ich wollte mich vor meinem Mann nicht blamieren. Die Arbeitsplatte, Fußleisten und diverse Kleinteile mussten abgemessen und neu gesägt werden. Immer wieder legte ich den Maßstab an und dachte nach, ob ich auch nichts übersehen hätte. Oft musste ich spiegelverkehrt sägen und hatte deswegen ständig Bedenken, dass ich doch wieder an irgendeinem Punkt einen Denkfehler gemacht haben könnte. Die Zeit, die ich für diese Arbeit benötigte, verging wie im Flug. Ich dachte keine einzige Sekunde daran, auf mein Handy schauen zu wollen. Meine Gedanken waren so sehr bei dieser Arbeit, dass kein Raum für anderes war. Und am Ende – als alles richtig gut passte – war ich unendlich stolz. Diesen Zustand nennt der US-amerikanische Psychologe Mihaly Csikszentmihalyi »Flow«. Ich war während dieser Arbeit weder über- noch unterfordert und ging ganz in der Tätigkeit auf.

So fließt alles

Mihaly Csikszentmihalyi hat in seinen Studien festgestellt, dass sich bei Menschen, die häufig diesen Flow-Zustand erleben, die Lebensqualität steigert. Dabei können ganz unterschiedliche Aktivitäten diesen Zustand auslösen: Bergsteigen genauso wie Geige spielen. Malen oder mit Kindern spielen. Die Straße kehren oder eine Herzoperation durchführen. Dabei kommt es in erster Linie nicht darauf an, was man macht, sondern welche Qualität die Aktivität hat. Csikszentmihalyi macht acht Faktoren aus, damit das Flow-Gefühl entstehen kann:

1. Das Ziel muss klar sein, und Rückmeldungen erfolgen am besten unmittelbar. Das erreicht man oft bei sportlichen Aktivitäten. Bei einem Fußballspiel wissen die Spieler, dass sie gewinnen wollen, und sie bekommen sofort Feedback, welche Handlungen gut oder schlecht waren.

2. Die Aktivität muss so anspruchsvoll sein, dass man sich völlig darauf konzentrieren muss. Ich stelle bei mir immer wieder fest, dass meine »Nebenfestplatte« im Gehirn ununterbrochen am Laufen ist und sich mit Inhalten beschäftigt, die mit meiner momentanen Arbeit nichts zu tun haben (»Was muss ich noch einkaufen?«, »Die Geschirrspülmaschine muss ich nachher noch ausräumen«, »Für morgen muss ich die gelbe Bluse noch bügeln«). Vielleicht kennst du Gedanken dieser Art, die ständig »nebenbei« laufen, auch. In Momenten des Flows ist man jedoch so konzentriert, dass diese Nebenfestplatte abgeschaltet ist und man sich nicht mit den oft lästigen Anforderungen des Alltags beschäftigen kann.

3. In Momenten des Flows übt man eine Tätigkeit aus, bei der man weder über- noch unterfordert ist. Auch beim Schachspielen kann man in Flow kommen, aber nur, wenn der Gegner ein klein bisschen besser ist. Also wenn man die Chance sieht, ihn doch besiegen zu können. Ist der Gegner deutlich schwächer, ist man unterfordert, und ein Flowgefühl kann sich nicht einstellen.

4. Man hat das Gefühl der Kontrolle. Dabei geht es hier nicht um »zwanghaftes Beherrschen«. Es ist eher das Gefühl, die Sache im Griff zu haben und das führt in der Folge zu einem Zustand, in dem man sich angstfrei und

gelöst fühlt. In den Flow-Momenten selbst ist das Glücksgefühl oft gar nicht zu spüren, weil man viel zu konzentriert auf das Tun ist. Das schöne Gefühl von Glück und Stolz stellt sich erst hinterher ein.

5. Die Aktivitäten, bei denen man im Flow ist, sind gekennzeichnet durch eine gewisse Leichtigkeit. Das heißt nicht, dass man sich dabei nicht anstrengen muss. Dennoch entsteht das Gefühl, dass einem die Dinge spielerisch und eher mühelos gelingen.

6. Das Zeiterleben ändert sich. Im Flow vergehen Stunden wie im Flug, oder Minuten fühlen sich an wie Stunden. Hier spricht man vom sogenannten »zeitfreien« Flow-Modus.

7. Im Flow-Modus verschmilzt man als Person mit dem eigenen Tun. Es ist kein Raum mehr für Ängste, Nöte und Überlegungen, die sich um die eigene Person drehen. Man empfindet sich nicht mehr als ein isoliertes Individuum, sondern wird eins mit seinem Tun.

8. Flow-Erfahrungen haben eine sogenannte autotelische Qualität. Es zählt also nicht nur das Ergebnis, sondern bereits das Tun selbst bringt Zufriedenheit. Dieser Begriff ist zusammengesetzt aus den griechischen Wörtern *auto* – selbst und *telos* – Ziel.

Wie schaffen wir es nun, diesen Bedingungen, die es braucht, um ein Flow-Gefühl zu erfahren, den richtigen Nährboden zu geben? Wie schaffen wir es, möglichst häufig ein Flow-Gefühl zu erleben? Die große Herausforderung hierbei ist herauszufinden, was uns wirklich Freude macht und was uns zutiefst erfüllt. Viele Erwachsene haben es vergessen oder verdrängt, was ihnen so viel Spaß macht, dass sie die Zeit dabei völlig aus den Augen verlieren.

Was macht dich wirklich glücklich?

Deswegen überlege dir einmal in aller Ruhe, was dich glücklich macht. In welchen Situationen/unter welchen Umständen vergisst du die Zeit und gibst dich ganz dem hin, was du tust? In welchen Situationen fühlst du dich besonders lebendig?

In meinem Beruf als Journalistin habe ich viele Menschen kennengelernt, die in ihrer Freizeit das Flow-Gefühl erleben. Viele sind kreativ tätig. Sehr gerne erinnere ich mich an eine Frau, die Teddys bastelt. Darin geht sie völlig auf. Oder an einen Mann, der mit Hingabe alte Autos repariert und darüber völlig die Zeit vergisst. Erstrebenswert wäre es freilich, auch in den vielen Stunden, die man mit seinem Beruf verbringt, Flowgefühle entwickeln zu können. Und in der Tat zeigen die jahrzehntelangen Forschungsergebnisse von Mihaly Csikszentmihalyi, dass Flow in Arbeitssituationen häufiger auftritt als in der Freizeit. Der Glücksforscher nennt gern den Beruf des Chirurgen, der oft alle Faktoren für Flow-Erlebnisse erfüllt. Nun können wir nicht alle zum Skalpell greifen und Menschen operieren, um glücklicher zu werden. Und wir haben auch nicht alle einen Beruf, in dem man regelmäßig und schnell Anerkennung bekommt. Aber – und das ist eine wirklich gute Nachricht – man kann auch bei Berufen, die weniger anspruchsvoll und abwechslungsreich sind und bei denen das positive Feedback eher ausbleibt, einiges dafür tun, damit »es fließt«.

Allen, die in ihrem Beruf lange auf ein Feedback warten müssen – Psychotherapeuten oder Schriftsteller zum Beispiel – oder die eher wenig Anerkennung bekommen, empfiehlt Csikszentmihalyi zu lernen, sich selbst positiv zu beurteilen. Sich also nicht vom Lob anderer abhängig zu machen, sondern selbst einzuschätzen, ob man eine Arbeit gut gemacht hat. Das ist anfangs sicherlich nicht einfach, aber wir können lernen, uns selbst zu loben und auf unser Tun stolz zu sein. Vielleicht magst du damit anfangen, indem du nach der Arbeit auf dem Heimweg überlegst, was du am Tag alles geleistet hast und was dir deiner Meinung nach gut gelungen ist. Ein gedankliches »Sich-selbst-auf-die-Schulter-Klopfen« bringt dir bestimmt mehr, als wenn du darüber nachgrübelst, was du alles nicht gut gemacht hast. Ich habe irgendwann einmal damit angefangen, mich selbst zu belohnen, wenn ich meiner Meinung nach etwas besonders gut hingekriegt habe. Das muss nichts Großes sein. Eine kleine Auszeit bei einem Cappuccino in einem Café, in dem ich einmal in aller Ruhe einfach nur gucke. Oder ich gönne mir einen schönen Blumenstrauß – als kleines »Dankeschön« an mich.

GIB DEIN BESTES!

Wie kann man in Berufen, die eher eintönig sind, Flow-Gefühle entwickeln? Mihaly Csikszentmihalyi hat beobachtet, dass es verschiedene Möglichkeiten gibt, auch solche zu genießen. So hat das Team des Glücksforschers einmal Frauen befragt, die in Kliniken putzen. Die einen beschrieben, was sie taten. Also Boden wischen und Bettpfannen reinigen. Andere erzählten, dass sie dafür zuständig seien, etwas für das Wohlbefinden der Patienten zu tun, denn diese fühlten sich besser, wenn der Raum sauber sei und das Bad gut rieche. Diese Frauen hatten bei ihrer Arbeit also das Gefühl, andere Menschen glücklich machen zu können, und gaben dafür ihr Bestes. Auch dadurch kann sich ein Flow-Gefühl einstellen. Hier kann also die persönliche Einstellung für Glücksgefühle sorgen.

Csikszentmihalyi berichtet auch von Menschen mit eintönigen Tätigkeiten, die sich selbst neue Herausforderungen stellen. Sie versuchen, ihre Arbeit schneller, anders, präziser zu erledigen. Dadurch wird der Job gleich interessanter. Ich hatte einen Klienten, der seinen Beruf als Sachverwalter schon so lange ausübte und dabei so sicher war, dass er sich jeden Tag langweilte. Bis er anfing, mit sich selbst in einen Wettbewerb zu treten. Er machte sich selbst Vorgaben, wie viel Zeit er für seine Tätigkeit brauchen durfte, und musste sich dadurch sehr konzentrieren, um bei der Geschwindigkeit keine Fehler zu machen. Plötzlich war von Langeweile keine Rede mehr.

In den Flow zu geraten, kann also ganz einfach sein. Oder ganz schwer. Wenn du die Aktivität gefunden hast, in der du Zeit und Raum vergisst, dann sorge dafür, dass du sie möglichst häufig ausübst.

Wenn du eine solche Tätigkeit (noch) nicht gefunden hast, dann kannst du versuchen, aus Alltagsbeschäftigungen etwas Besonderes zu machen. Oder wie Csikszentmihalyi sagt:

»Man kann es schaffen, die schlimmste Routinearbeit in ein Kunstwerk zu verwandeln.«

Do what you
love
and FORTUNE
will follow.

Eine STARKE KRAFT: *Intuition*

Die intuitive Wahrnehmung ist eine natürliche Fähigkeit von uns Menschen. Im Allgemeinen verstehen wir darunter Gedanken oder Eingebungen, die aus unserem Unterbewusstsein kommen, die also ohne Nachdenken zustande kommen. Diese Impulse lassen sich nicht rational erklären. Fest steht aber, dass uns unsere Intuition gut durchs Leben leiten kann. Leider liegt sie oft brach. Doch du kannst sie mit ein wenig Training zum Blühen bringen.

Intuition ist keine Erfindung der Neuzeit. Im Gegenteil. Bereits vor der Aufklärung galt Intuition als höchste Form der Erkenntnis. Sie hatte nur einen Nachteil: Nicht der Mensch verfügte über sie, sondern höhere Wesen wie Engel. Mit der Aufklärung rückte der Verstandesmensch in den Fokus. Der französische Philosoph René Descartes soll im 17. Jahrhundert den bis heute gern zitierten Satz »Ich denke, also bin ich« geprägt haben. Diese Haltung hat lange unsere Einstellung zur Intuition geprägt. Uns glauben lassen, dass Intuition nicht so wichtig sei. Mittlerweile sind sich viele Wissenschaftler über die Bedeutung des »Bauchgefühls« einig. Wobei nicht klar ist, wo die Impulse eigentlich entstehen – ob es sich um Bauchgefühle, Gedankenblitze oder Herzenswünsche handelt.

»Kurz bevor ich die Papiere unterschrieb, zuckte es ganz doll in meinem Bauch. So was wie ein Blitz, der mir sagte: Tu es nicht. Kaufe diese Aktien nicht. Hätte ich nur auf meinen Bauch gehört. Ich hätte Tausende von Mark nicht verloren.« Das erzählte mir eine Kollegin, mit der ich mich über das Thema Intuition unterhielt. »Aber damals hatte ich nicht den Mut, auf meinen Bauch zu hören. Was bin ich froh, dass ich das mittlerweile viel besser kann.«

Vielleicht hast du solche Erfahrungen auch schon gemacht. Der Kopf hat sich für etwas entschieden, doch irgendwann macht sich der Bauch oder das Herz bemerkbar. Und dann beginnt der Kampf. Wer gewinnt? Das hängt sehr stark davon ab, wie sehr du deiner Intuition vertraust. Viele Menschen haben es im Laufe des Erwachsenwerdens verlernt, auf ihren Bauch zu hören. Sie haben die Signale aus dem Unbewussten verdrängt und glauben, sich allein von Logik und rationalem Denken leiten lassen zu können. Diese Menschen versuchen häufig, ihre Entscheidungen durch Belege von außen absichern zu lassen. Getreu dem Motto: Das hat schon einmal woanders gut funktioniert, das wird jetzt auch bei mir selbst gut laufen. Dabei übersehen sie, dass Bauchgefühle, Instinkte, Herzensregungen oder wie immer du sie nennen willst, wichtige Wegweiser sind, um ein zufriedenes Leben zu führen.

So viele Entscheidungen jeden Tag

Täglich müssen wir Tausende von Entscheidungen treffen. Kaufe ich Joghurt mit Erdbeer- oder Kirschgeschmack? Tanke ich heute oder lieber morgen? Gehe ich heute früh ins Bett, oder schau ich mir noch den spannenden Krimi an? Bei vielen Entscheidungen denken wir gar nicht weiter nach, weil sie nicht so wichtig sind. Doch es gibt Fragen, die wir nicht so auf die Schnelle beantworten können. Kündige ich meinen Job und mache mich selbstständig? Ziehe ich in eine andere Stadt um? Soll ich mich von meinem Partner trennen? Bei schwerwiegenden Entscheidungen berufen wir uns gern auf unseren Verstand. Der muss dann abwägen. Pro- und Kontra-Listen erstellen. Und häufig fällt dann die Entscheidung zumindest scheinbar rational aus. Was auch oft gut so ist. Nur: Manchmal fällt der Kopf eine Entscheidung, und der Bauch spielt nicht mit. Egal, wie viele gute Gründe der Kopf auch nennt, der Bauch findet die Entscheidung immer noch nicht gut. Dann wird es heikel. **Denn der Bauch weiß oft Sachen, die der Kopf nicht weiß.**

Der Bremer Hirnforscher und Philosoph Gerhard Roth unterscheidet zwischen Arbeitsgedächtnis und Langzeitgedächtnis. Mit dem relativ kleinen Arbeitsgedächtnis kann man alle einfachen Aufgaben im Leben leicht lösen. Doch bei komplexen Aufgaben ist dieses schnell überfordert. Eine bewusste, logische Analyse bringt einen dann nicht ans Ziel. In diesen Fällen hilft die Intuition. Die hat ihre Wurzeln nämlich im Langzeitgedächtnis beziehungsweise in den Regionen, in denen die Erfahrungen abgespeichert werden. Die Intuition macht also nichts anderes, als in Sekundenschnelle bereits gemachte Erfahrungen abzurufen und mit der neuen Situation zu vergleichen. Gibt es Parallelen? Welche Lösungen hatte ich damals gefunden, und waren es gute Lösungen? Die Intuition hat ihre Basis also in der Summe der bereits gemachten Erfahrungen. Je mehr Erfahrungen man in einem bestimmten Bereich gemacht hat, desto mehr kann man sich auf seine Bauchentscheidungen verlassen. Die Intuition ist also nichts Angeborenes, sondern wächst mit den gemachten Erfahrungen. Wobei neue wissenschaftliche Untersuchungen davon ausgehen, dass Intuition mehr als die Summe unserer Erfahrungen ist. Auch bestimmten Nervenzellen und sogar spirituellen Gedanken wie den morphologischen Feldern, in denen jede denkbare Information gespeichert sein soll, bekommen eine Bedeutung zugesprochen. Letztendlich ist es zweitrangig, wo die Intuition entsteht und welche Bereiche dafür zuständig sind. Wichtig ist, dass die Intuition nachweislich ein guter Ratgeber ist.

Spring einfach mal

Wenn du dich dennoch nicht traust, auf deine Impulse zu hören, wenn die sachlichen Argumente für oder gegen etwas bei dir immer wieder die Oberhand gewinnen, dann möchte ich dir raten: Spring einfach mal. Probiere es einfach mal aus. Vertraue einmal blind den Gedankenblitzen oder Bauchgefühlen. Ich habe damit die allerbesten Erfahrungen gemacht. Denn ich selbst ließ mich jahrzehntelang von meinem Verstand leiten. Immer siegte mein Geist in all den Diskussionen mit meinem Bauch. Finanzielle und wirtschaftliche Sicherheit waren die »besseren« Argumente. Mein Bauch konnte mit »Das fühlt sich aber nicht gut an« nicht punkten. Das erste Mal, dass ich nicht

»Ich setzte meinen Fuß in die Luft, und sie trug.«

Hilde Domin

auf meinen Verstand hörte, war der Moment, in dem mir eine Bekannte von ihrer Coachingausbildung erzählte und wie sehr sich ihr Leben dadurch verbessert hätte. Ich dachte, ich höre mich selbst aus meinem – damals ganz und gar nicht als zufrieden erlebten Leben erzählen. Allerdings war ich gar nicht auf der Suche nach einer Ausbildung, außerdem war diese teuer, und ich musste wochenlang von zu Hause weg. Die kleinen Teufelchen in meinem Kopf ächzten und stöhnten, was ich denn damit wolle und dass das ganze Vorhaben völlig ziellos sei und ich ja schließlich nie etwas ohne Ziel mache. Selbst mein Mann schlug vor, die Ausbildung doch zumindest näher am Wohnort zu machen. Aber mein Bauch sagte mir so sehr, dass es genau diese Coachingseminare sein müssten. Es gab keinen rationalen Grund dafür. Einzig mein Bauch bestand darauf. Und ich bin bis heute froh, dass ich meinen Kopf ausgeschaltet hatte, denn alles, was ich dort lernen durfte, hat mein Leben und das Leben meiner Familie nachhaltig zum Besseren verändert.

Seit dieser Erfahrung versuche ich immer mehr, meine Bauchstimme laut werden zu lassen. Allerdings ist es auch wichtig, diese nicht einfach als den einzig richtigen Wegweiser zu sehen, sondern sie auch zu hinterfragen.

Auch Hirnforscher Gerhard Roth rät zu beidem. »Die Kombination aus beidem ist das Allerbeste. Zunächst sollten Sie versuchen, die Fragestellung rational zu durchdringen, soweit es geht. Dann sollten Sie aber den Mut aufbringen, die Dinge ruhen zu lassen, um nach dieser Pause intuitiv zu entscheiden.« Es geht aber auch andersrum. Die rheinland-pfälzische Ministerpräsidentin Malu Dreyer hört erst auf ihren Bauch und dann auf den Kopf. »Ich versäume es nie, mein sogenanntes Bauchgefühl an wirklich rationalen Dingen zu überprüfen. Das finde ich sehr wichtig. Aber selten liegt der Bauch falsch.«

In den Fernsehsendungen, die ich seit vielen Jahren moderiere, berichten mir immer wieder Menschen, wie sehr sich ihr Leben zum Besseren gewandt habe, nachdem sie ihrem Bauch gefolgt seien. Meine Gäste, die ich interviewen darf, kommen aus allen Bereichen und werden aus ganz unterschiedlichen Gründen eingeladen. Alle haben sie gemeinsam, dass sie irgendetwas Interessantes – beruflich, als Hobby oder im Ehrenamt – tun. Etwas, das interessant genug ist, dass wir darüber berichten möchten. Meine Fernsehkollegen und ich nennen das »gesprächswertig«. So war einmal der Mainzer Kabarettist Herbert Bonewitz bei mir zu Gast. Er stand jahrelang nebenberuflich auf den Kleinkunstbühnen. Sein Geld verdiente er als Pressesprecher einer großen Firma. Glücklich war er damit schon lange nicht mehr, aber er hatte Angst, die finanzielle Sicherheit aufzugeben. Als er es endlich wagte, fühlte er sich wie befreit und meinte: »Hätte ich es nur schon viel früher getan.« Auch die Journalistin Dorothee Röhrig kam in ihrem Leben an einem Punkt, an dem sie ganz mutig ihrer Intuition folgte. Mit 60 Jahren lernte sie ihre große Liebe kennen und krempelte ihr Leben komplett um. Natürlich warnte erst der Verstand, und dann kam die Angst mit der bangen Frage, wie das alles werden solle. Aber Dorothee Röhrig hat ihrer Intuition Raum gegeben und es nicht bereut. Kopf und Bauch in Einklang zu bringen, ist nicht einfach, wenn man die Intuition lange unterdrückt hat. Aber es ist möglich. Mit ein bisschen Training. Und ein bisschen Mut.

Übungsanleitung

Um mit seiner Intuition in Kontakt zu kommen, braucht man etwas Zeit und Ruhe. Egal, ob du spazieren gehst oder in Ruhe eine Tasse Tee genießt – Hauptsache, du bist für ein paar Momente bei dir und ungestört. Viele leben ja heute von außen nach innen. Lassen sich von vielem ablenken und leiten. Wenn du es schaffst, von innen nach außen zu leben, also wenn du herausfinden kannst, was dein Inneres benötigt, dann kannst du dir auch das geben, was du eigentlich brauchst.

- Um deine Intuition zu stärken, solltest du lernen, deinen Bauchgefühlen Raum zu geben. Oft ist es nur ein Zucken oder ein kleiner Blitz. Bestimmt spürst du öfter eine Bauchregung, aber vielleicht bist du noch nicht geübt genug darin, ihr die nötige Aufmerksamkeit zukommen zu lassen. Deswegen ist es gut, die Intuition zu trainieren. Beginne damit, die Gefühle des Tages abends noch einmal Revue passieren zu lassen. Hast du ein Zucken oder einen Blitz bemerkt? In welcher Situation war es?

- Wenn du etwas geübter bist, wirst du die Stimme deines Bauchs leichter wahrnehmen. Aber auch dann wirst du Zeit brauchen, um festzustellen, was dir die Stimme sagen will. Wichtig ist, dass du diesen Moment gedanklich festhältst, um später in Ruhe darüber nachzudenken. Wenn du gerade in einer Situation bist, in der du dich schnell entscheiden sollst (gewiefte Verkäufer machen gute Geschäfte, indem sie Kunden mit einem sogenannten Schnäppchen, das aber nur ganz kurze Zeit zu haben ist, unter Druck setzen), und du merkst, dass dein Bauch dir etwas sagen will, solltest du auf keinen Fall irgendeinen Vertrag unterschreiben oder deine Einwilligung für etwas geben.

- Wenn du ein Bauchgefühl bemerkt hast, sorge irgendwann im Laufe des Tages für etwas Ruhe und horche in dich hinein. Warum hat sich dein Bauch in diesem Moment gemeldet? Was will er dir sagen? Will er dir von etwas abraten? Oder will er dich für etwas begeistern? Spürst du Begeisterung oder ein Warnsignal? Versuche, dein Bauchgefühl nicht gleich mit dem Verstand erfassen zu wollen

Trainiere deine Intuition und höre genau hin, was dir die Stimme deines Bauchs sagen will. Im Lauf der Zeit wirst du sie immer besser verstehen.

oder es gleich einzugrenzen, nach dem Motto »Das geht eh nicht« oder »Das ist viel zu groß und unrealistisch«. Lass einfach mal laut werden, was sich dein Bauch »gedacht« hat.

- Wenn du eine Vorstellung davon bekommen hast, was dein Bauch will, kannst du deinen Verstand einschalten. Das solltest du vor allem immer dann tun, wenn es sich um lebensverändernde Dinge handelt. Wenn du also gerade genervt von allem bist und die wundervolle Idee hast, am Ort des letzten Urlaubs ein Café eröffnen zu wollen, dann hinterfrage dich, was wirklich hinter dem Wunsch steckt. Wolltest du schon immer ein Café eröffnen, und ist jetzt die richtige Zeit dafür gekommen? Oder steckt der Wunsch nach weniger Stress dahinter? Die Sehnsucht nach mehr Unabhängigkeit oder weniger Konflikten? Wenn es dir eigentlich um etwas anderes geht, wird dich ein Café nicht glücklich machen. Aber du kannst dir die Wünsche dahinter genau anschauen und überlegen, wie du weniger Stress oder mehr Unabhängigkeit in dein Leben integrieren kannst.

Wenn du eine gute Verbindung zu deiner Intuition hast, merkst du, was dir im Herzen wichtig ist. Und das kannst du aussenden. Wer innerlich klar ist, sendet oft nach außen die richtigen Signale. Und dann kann es sehr gut sein, dass du genau die Hilfe oder die Gelegenheit bekommst, um deinen Wunsch umzusetzen.

Wie RUND *läuft dein Lebensrad?*

Stell dir einmal vor, ein Rad deines Autos oder deines Fahrrads hätte an einer Stelle eine kleine Delle. Wie wäre das Fahren damit? Vermutlich ziemlich holprig. Deswegen würde man ein solches Rad sofort austauschen. Warum sind wir mit unserem Lebensrad so viel weniger wählerisch und laufen oft ganz lange mit einer oder sogar mehreren Dellen durchs Leben?

Worte wie »Es läuft rund« kommen einem an grauen Tagen bestimmt nicht über die Lippen. Weil an solchen und an vielen anderen Tagen das Leben eben nicht rundläuft. Weil wir die Unebenheiten des Untergrunds umso mehr spüren, je mehr Dellen unser Lebensrad hat. Doch woran liegt das denn? Vor allem wohl daran, dass wir unser Lebensrad nicht gut gepflegt haben. Dass wir in Kauf genommen haben, dass es Dellen hat, die nach und nach immer größer wurden. So lange, bis ein gutes Vorankommen gar nicht mehr möglich ist.
Schau dir das Lebensrad rechts einmal ganz genau an. Dein Lebensrad besteht aus verschiedenen Bereichen, die alle zusammen dazu führen, dass du ein ausgefülltes, ausbalanciertes Leben führen kannst. Vorausgesetzt, alle Bereiche tragen ausreichend zu deiner Zufriedenheit bei. Überlege dir, wie zufrieden du in den einzelnen Bereichen deines Lebens bist. Beim Mittelpunkt

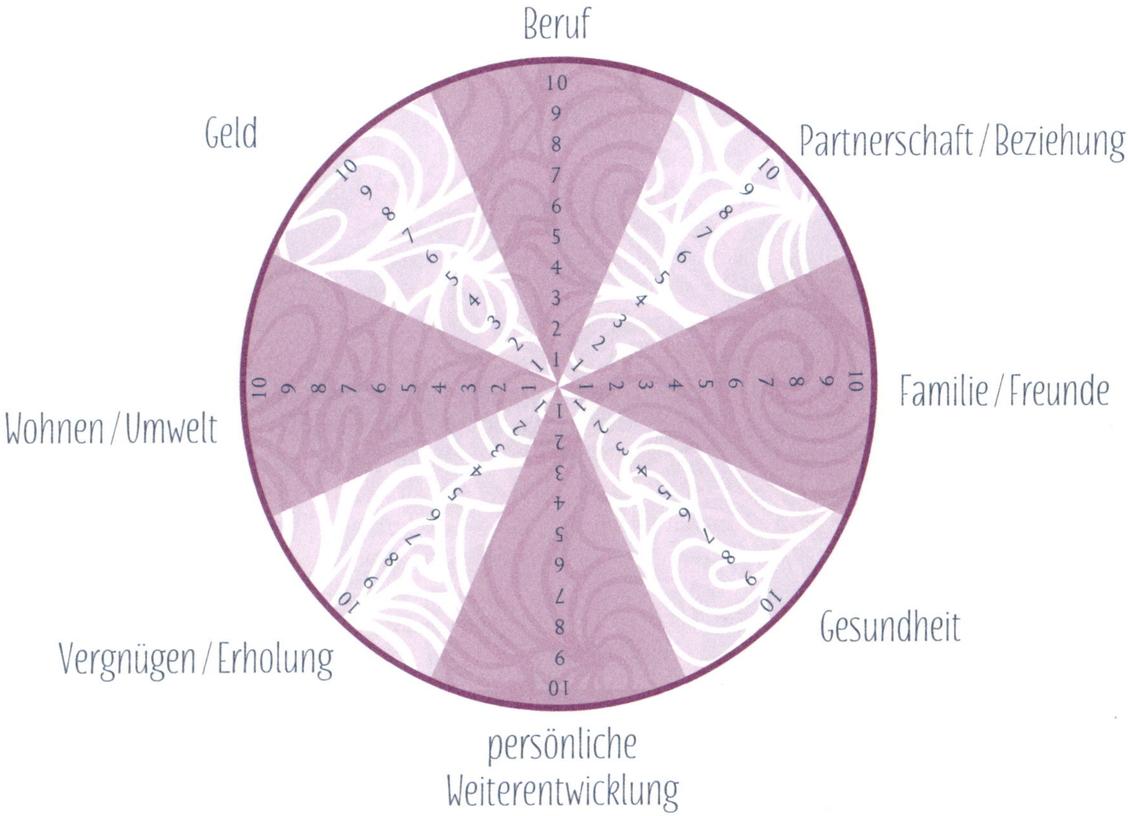

des Rades steht die Null, das bedeutet, du bist in diesem Bereich total unzufrieden. Am äußeren Rand des Rades steht die Zehn, sie steht für völlige Zufriedenheit. Mach für jeden Bereich ein Kreuzchen an der Stelle, an der du mit deiner Zufriedenheit stehst.
Die einzelnen Bereiche stehen für Beruf, Partnerschaft/Beziehung, Familie und Freunde, Gesundheit, persönliche Weiterentwicklung, Vergnügen/Erholung, Wohnen/Umwelt und Geld.

Wie zufrieden bist du mit deinem Beruf? Gehst du morgens gerne zum Arbeiten? Hast du nette Kollegen? Machen dir deine Aufgaben im Großen und Ganzen Freude? Dann stehst du der Zehn sehr nahe. Oder willst du morgens gar nicht aufstehen, weil dich allein der Gedanke an deine Arbeitsstelle ganz schlapp macht? Vielleicht hast du innerlich auch bereits gekündigt und machst nur noch Dienst nach Vorschrift? Dann steht dein Kreuzchen eher auf null, eins oder zwei.
Wie steht es um die finanziellen Dinge in deinem Leben? Kommst du mit dem, was du verdienst, gut aus und kannst dir das eine oder andere leisten, vielleicht sogar etwas sparen? Dann bist du in Gelddingen eher sehr zufrieden. Oder überziehst du regelmäßig dein Konto und kannst nicht einmal daran denken, etwas

zurückzulegen? Dann wird dein Kreuzchen eher Richtung Radmitte liegen.
Gehe nun jeden einzelnen Bereich durch und fühle in dich hinein, wie zufrieden du bist, und mach dann dein Kreuzchen. Vermutlich ist nicht jeder Bereich gleich wichtig für dich. Mach dein Kreuzchen dort, wo es deiner Zufriedenheitsskala entspricht, und richte dich nicht danach, was andere vielleicht darüber denken mögen. Ich kenne zum Beispiel einen Professor, der im 17. Stock eines wirklich hässlichen Hochhauses wohnt. Aber er fühlt sich in der Anonymität dort sehr wohl und könnte also durchaus eine Neun oder Zehn ankreuzen, auch wenn andere seine Wohnsituation als grässlich bezeichnen würden.

Wie sieht dein Lebensrad aus?

Wenn du deine Kreuzchen auf dem Lebensrad gemacht hast, verbinde diese miteinander. Wie sieht dein Lebensrad nun aus? Ist es eher rund oder eher eckig? Wie würde ein Auto oder ein Fahrrad mit solchen Rädern vorankommen? Vielleicht ist dein Rad auch schön rund, aber leider ganz klein. Damit könnte ein Auto fahren, aber man muss viel Kraft und Energie aufbringen, um geschmeidig voranzukommen. Wenn du ein kleines, eher rundes Lebensrad hast, überlege dir einmal, ob es nicht doch einen Bereich gibt, in dem du recht zufrieden bist. Vielleicht hast du ein Hobby, das du wirklich gerne machst. Dann nimm dies als einen weiteren Bereich.
Sieh dir nun die Bereiche an, mit denen du zufrieden bist. Was hast du dazu beigetragen, dass du dort zufrieden bist? Eine Klientin von mir hat viele Jahre in einer Wohnung gewohnt, in der sie sich nicht wohlgefühlt hat. Sie mochte die Umgebung nicht, aber die Wohnung lag recht günstig in der Nähe der Arbeitsstelle und war außerdem sehr gut geschnitten. Sie scheute den Umzug, den damit verbundenen Aufwand und die Kosten. Bis sie endlich erkannt hat, dass das Leben zu kurz ist, um sich am zweitwichtigsten Ort seines Lebens (der wichtigste ist in meinen Augen man selbst) nicht wohlzufühlen. Also wagte sie den Schritt schließlich. Sie muss nun länger zur Arbeit fahren und hat auch ein Zimmer weniger, sonst hätte sie sich die neue Wohnung nicht leisten können, aber sie fühlt sich in der anderen Umgebung viel mehr zu Hause. Sie hat zu ihrer Zufriedenheit beigetragen, indem sie die Mühen auf sich nahm und über ihre eigenen Bedenken sprang.
Nun wirf einen Blick auf die anderen Bereiche. Die, in denen du nicht zufrieden bist. Du weißt aus den Bereichen, in denen du zufrieden bist, dass du aktiv etwas zu deiner Zufriedenheit beitragen kannst. Frage dich jetzt, was du tun kannst, um auch in den anderen Bereichen mehr Zufriedenheit zu erlangen.
Oft scheuen wir es, für uns selbst einzustehen, etwas für uns einzufordern. Doch wenn du ein ausgeglichenes Lebensrad haben möchtest, solltest du lernen, das offen und ehrlich zu tun, obwohl es sicher nicht immer einfach ist. Manchmal reicht es, mit anderen Menschen über die Bedürfnisse zu reden und auszusprechen, was fehlt. Dem Partner zu sagen, dass man sich nach mehr Zweisamkeit sehnt. Oder dem Chef deutlich zu machen, dass man bereit sei für größere Aufgaben. Manchmal muss man aber auch richtig aktiv werden, um das Zufriedenheitslevel zu steigern. Man muss umziehen oder häufiger das Haus verlassen, um neue Leute kennenzulernen. Das erfordert Energie und Mut. Doch was ist die Alternative? Weiter mit Dellen im Rad durchs Leben stolpern? Dann doch lieber den Versuch starten, etwas zu ändern.

Was fehlt dir zur Zufriedenheit? Welche Schritte musst du gehen, um das Fehlende zu bekommen?

Herzlich WILLKOMMEN, *ihr Krisen!*

Krisenzeiten sind die schlimmsten im Leben – so die allgemein verbreitete Meinung. Doch man kann Krisen auch anders sehen. Sie zwingen uns, unsere Persönlichkeit zu entwickeln. Und das ist durchaus positiv.

Augen zu und so schnell wie möglich durch. So gehen viele Menschen mit Krisenzeiten um. Irgendwie wird sich doch eine Abkürzung finden lassen, damit der Schmerz bald vorbei ist. In Zeiten, in denen uns Glücksratgeber und Glückscoaches suggerieren, dass wir ununterbrochen glücklich zu sein haben, passen Krisen nicht ins Konzept. So wie viele negative Gefühle verdrängen, so versuchen sie, schwere Zeiten zu vermeiden. Natürlich ist es nicht schön, wenn wir aus Kummer leiden müssen. Aber wenn wir unerwünschte Gefühle wie Neid oder Eifersucht ständig verdrängen, werden sie immer größer. Und mit Krisen ist es ähnlich. Je mehr wir ihnen aus dem Weg gehen, desto mehr verfolgen sie uns. Tatsache ist: Krisen gehören zum Leben dazu. So wie es Täler und Berge gibt, so geht es im Leben aufwärts und eben auch wieder abwärts. Doch das »Abwärts« ist oft schwer zu akzeptieren. Und anstatt eine Krise anzunehmen und daraus zu lernen, verschwendet man viel Kraft, um davonzulaufen. Das Blöde ist nur: die Krise findet einen Weg zu dir.

Du hast vermutlich auch schon einige Krisen hinter dich gebracht. Große und kleine. Liebeskummer, Stress im Büro, Ärger mit Freunden, Ratlosigkeit mit bockigen Kindern. Die Liste von Herausforderungen, die wir im Leben meistern müssen, ist endlos. Viele kleine Ärgernisse begleiten uns nicht lange, aber es gibt Krisen, die wirklich einschneidend sind. Wenn wir krank werden oder unseren Job verlieren. Wenn uns der Partner verlässt oder wir gemobbt werden. Dann wünscht man sich nur eins: dass dieser Albtraum bald vorbei ist und man wieder glücklich sein kann. Und genau das ist das größte Problem an Krisen: Man weiß vorher nicht, wann es vorbei ist. Ich behaupte, wenn man wüsste, dass eine Krise in sechs Wochen oder in sechs Monaten zu Ende ist, könnte man sie wesentlich leichter durchstehen. Dass wir das nicht wissen, macht die Sache so schwierig. Dabei haben Krisen auch Gutes. Denn Krisenzeiten geben uns die Möglichkeit, etwas zu lernen und uns weiterzuentwickeln. In Krisenzeiten vermögen wir oft erst wirklich zu verstehen, dass es wichtig sein könnte, gelassener zu werden, mehr auf sich selbst zu vertrauen, auch einmal die Perspektive eines anderen einzunehmen oder achtsamer und wertschätzender mit sich und anderen umzugehen. Die Liste, was wir alles lernen könnten, um unsere Persönlichkeit immer weiterzuentwickeln, ist lang. Und all das, was wir in Krisenzeiten »gezwungen« werden zu lernen, hilft uns nach der Krise, um das Leben bewusster und intensiver wahrzunehmen. Vielleicht kannst du dich mit dem Gedanken anfreunden, dass alles, was du in Krisenzeiten lernen musst, dir nach der Krise helfen wird, ein glücklicheres Leben führen zu können.

Alles ist für irgendetwas gut

Eine Coachee von mir hatte im vergangenen Jahr eine einwöchige Auszeit gebucht. Sieben Tage, in denen sie Zeit für sich hatte. Gleich am Anfang hatte sie einen Unfall und in der Folge einen Fuß in Gips. Nun war nichts mehr mit Sightseeing und Shoppen. Ihre Reise wollte sie dennoch nicht abbrechen, und so verbrachte sie viel Zeit mit sich allein ohne jede Ablenkung. Anfangs haderte sie mit dem Schicksal, denn sie hatte sich sehr auf die paar Tage gefreut, an denen sie endlich mal ohne Familie tun wollte, wozu sie sonst nie kam. Sie empfand es ungerecht, dass sie so bestraft wurde. Am Ende der Woche rief sie mich an, weil sie nicht wusste, wie sie mit der Situation umgehen sollte. Auf meine Frage, ob es etwas gäbe, wozu dieser Unfall gut sein könnte, reagierte sie erst einmal abwehrend. »Für nichts, aber wirklich für gar nichts sei der gut.« Am Ende des Gesprächs erkannte sie jedoch, dass sie durch den Unfall buchstäblich gezwungen worden war, einmal »die Füße ruhig zu halten«, was ihr schon immer schwergefallen war. Sie rannte im Dauerlauf durch ihr Leben. Bei dieser Geschwindigkeit konnte sie natürlich nicht mehr darüber nachdenken, wo es in ihrem Leben eigentlich hingehen soll.

Und genau dazu sind Krisen da. Um innezuhalten und um zu schauen, wo man steht und wo man hinwill. Um zu erkennen, was man im Leben noch lernen muss. Das sind meist schmerzhafte Erkenntnisse, die man sich gerne ersparen würde. Doch wenn du versuchst, sie zu meiden oder Abkürzungen aus Krisen zu nehmen, musst du oft viele Umwege gehen.

Damit ich nicht falsch verstanden werde: Ich schlittere auch nicht freiwillig in Krisen. Aber ich weiß, dass sie unumgänglich sind. Manche kann ich vermeiden, indem ich aufmerksam auf mein Umfeld und mich achte. Manche aber kommen zu mir, ohne dass ich etwas dagegen tun kann. Wenn wir sie so nehmen können, dass wir daran wachsen und nicht daran zerbrechen, haben wir schon viel erreicht.

An Krisen wächst du, indem

- du versuchst, sie zu akzeptieren.
- du hinterfragst, was du daraus lernen kannst.
- du trotz allem deinen Blick auf das Positive lenkst.

Die wichtigste Erkenntnis in schweren Zeiten ist aber:

Jede Krise hat irgendwann einmal ein Ende. Und wenn es so weit ist, wird die Sonne heller scheinen als davor, denn du hast etwas gelernt, du hast dich entwickelt und einen anderen, neuen Blick aufs Leben bekommen.

Meine Coachee mit dem Gipsfuß musste wochenlang ihr Tempo herunterschrauben und erkannte in dieser Zeit, wie sehr sie vor manchen Dingen davongelaufen war. Diese Dinge aufzuarbeiten, war ihre Lernaufgabe, die diese Krise zutage gebracht hat.

Wenn aus GRAUEN TAGEN *eine Depression wird*

In Deutschland erkranken jedes Jahr über fünf Millionen Menschen an einer Depression. Dennoch ist das Wissen darüber, wo eine depressive Verstimmung aufhört und eine Depression anfängt, wenig verbreitet. Auch was wirklich gegen Depression hilft, wissen nur wenige.

Psychische Erkrankungen nehmen in Deutschland zu. Wurden 1983 8,6 Prozent der Arbeitnehmer in Rente geschickt, weil sie aufgrund psychischer Probleme nicht mehr arbeiten konnten, waren es 2016 42,9 Prozent. Also die fünffache Anzahl. Vor dreißig Jahren waren die Hauptursache für Frührente Herz-Kreislauf-Erkrankungen. Die spielen heute eine untergeordnete Rolle. Frauen bekommen mehr als doppelt so häufig Depressionen wie Männer.

In diesem Abschnitt konfrontiere ich dich mit vielen Fakten und Zahlen. Ich denke, dass es wichtig ist, ein wenig mehr über Depressionen zu wissen, damit du selbst entscheiden kannst, ob du »nur« ein paar graue Tage hast, die dich zwar gerade runterziehen, die du aber aus deiner eigenen Stärke heraus wieder farbig gestalten kannst, oder ob du tatsächlich eine Depression hast. Wenn Letzteres der Fall sein sollte, möchte ich dir dringend empfehlen, deinen Hausarzt aufzusuchen und ihm deine Symptome zu schildern.

Das sind Anzeichen für eine Depression

Was ist eigentlich eine Depression? Mediziner unterscheiden zwischen Haupt- und Nebensymptomen. Zu den Hauptsymptomen zählen vermindertes Interesse, der Verlust von Freude, verminderter Antrieb oder eine depressive Stimmung. Zu den Nebensymptomen gehören Schlafstörungen, das Gefühl von Schuld und Wertlosigkeit, negative und pessimistische Zukunftsgedanken, Selbstmordgedanken oder entsprechende Handlungen, vermindertes Selbstwertgefühl und Selbstvertrauen, verminderte Konzentration und Aufmerksamkeit, wenig Appetit. Von einer Depression spricht man dann, wenn mindestens zwei Haupt- und mindestens zwei Nebensymptome über eine Zeit von mindestens zwei Wochen auftreten. Eine Depression zu diagnostizieren, ist selbst

»Eine Krise ist ein produktiver Zustand. Man muss ihr nur den Beigeschmack der Katastrophe nehmen.«

Max Frisch

für Mediziner nicht einfach. Laut einer Befragung der Deutschen Depressionshilfe aus dem Jahr 2017 wurden nur 49 Prozent der Patienten mit positivem Depressions-Screening durch den Hausarzt sicher als Depressionsfälle erkannt. 28 Prozent der Depressionsfälle wurden gar nicht erkannt, 23 Prozent als andere psychische Störung verkannt. Selbst schwere Depressionen wurden nur in 70 Prozent korrekt erkannt. Da ist es eigentlich kein Wunder, dass der Laie ein ziemlich falsches Bild dieser Krankheit hat. Bei der Befragung wurden zufällig ausgewählten Personen (insgesamt 2009 Erwachsene) Fragen über die Krankheit gestellt.

Woher kommt eine Depression?

Welche Ursachen gibt es für Depressionen? Belastungen am Arbeitsplatz und Schicksalsschläge waren die meistgenannten Gründe. Sowohl bei Menschen, die bislang noch nicht mit Depressionen in Berührung gekommen waren, wie auch bei bereits Betroffenen. Dass Depression aber eine eigenständige Krankheit ist, die nicht unbedingt im Zusammenhang mit widrigen Lebensumständen steht, ist wenig bekannt. Noch immer sehen viele Depression als eine Charakterschwäche an oder als eine Folge falscher Lebensführung.

Was hilft gegen Depressionen? Hier waren sich die Befragten zum Großteil einig, dass ein Termin beim Arzt bzw. Psychotherapeuten das richtige Mittel ist. Auch Gespräche mit guten Freunden können helfen, die Krankheit zu lindern. Doch viel zu oft wurde auch ein Urlaub als gutes Mittel angegeben. Jeder Fünfte meinte sogar, dass Schokolade essen oder »sich zusammenreißen« helfen könne.

Insgesamt wird Depression noch häufig als Reaktion auf widrige Lebensumstände und viel zu wenig als ernst zu nehmende Krankheit angesehen.

Wenn du also merkst, dass du über einen längeren Zeitraum die oben genannten Symptome bei dir erkennen kannst, gehe bitte zum Arzt. Wenn du dir das Bein brichst, holst du dir ja auch ärztliche Unterstützung.

Glücklich ist,
wer sich bei
SONNENUNTERGANG
auf die Sterne
freut!

Alte VERLETZUNGEN loslassen

Der Partner, der einen betrogen hat, eine unerwartete Kündigung, ein unerfüllter Kinderwunsch – im Laufe des Lebens kann man auf sehr unterschiedliche Weise verletzt werden. Und egal, ob die Verletzungen absichtlich oder unabsichtlich, von einem Menschen oder »dem Schicksal« verursacht worden sind – sie schmerzen. Teilweise über viele Jahre und Jahrzehnte hinweg und sind ein weiterer Grund, das Leben grauer zu sehen, als es tatsächlich ist.

Hattest du schon einmal einen Unfall, bei dem du so verletzt wurdest, dass eine Narbe zurückgeblieben ist? Dann weißt du, dass eine solche Narbe nur ganz schwer verheilt und meistens für den Rest deines Lebens sichtbar bleibt. Manchmal auch spürbar. Größere Narben am Bein oder Arm können durchaus die Beweglichkeit einschränken. Mit diesen sichtbaren körperlichen Narben sind unsichtbare seelische Narben zu vergleichen. Verletzungen ganz unterschiedlicher Art haben zu Narben auf der Seele geführt, die schlecht verheilen und uns oftmals daran hindern, ein unbeschwertes Leben zu führen. Du kannst diese Verletzungen nicht rückgängig machen, aber du kannst lernen, sie loszulassen, sodass sie dich nicht mehr traurig oder wütend machen oder dir anderweitig den Alltag erschweren. Alte Verletzungen sollen nicht länger wie ein Zaun zwischen dir und einem zufriedenen Leben stehen.

Eine Klientin haderte schon sehr lange mit ihrer Familiensituation. Sie hatte einen reizenden Sohn, wünschte sich aber ein zweites Kind und musste nach vier Fehlgeburten Ende 40 einsehen, dass dieser Wunsch nicht mehr in Erfüllung gehen würde. Doch sie konnte mit dem Gedanken an ein zweites Kind nicht abschließen. Immer und immer wieder überkam sie große Trauer darüber, dass ihr Kinderwunsch nicht erfüllt worden war. Damit nahm sie sich selbst viele schöne Stunden mit ihrem Mann und ihren Freundinnen, denn diese Trauerschübe kamen und gingen, wie sie wollten. Gefühle wie Trauer, Wut, Enttäuschung oder Zorn sind ein Teil von uns. Es sind wichtige Gefühle, die wir auf keinen Fall zur Seite schieben dürfen. Denn wenn wir versuchen,

»Arbeite, als ob du das Geld nicht brauchen würdest. Tanze, als ob dir niemand zusehen würde, und liebe, als ob du nie zuvor verletzt worden wärst.«

Mark Twain

unerwünschte Gefühle zu verdrängen, trennen wir uns automatisch von allen Gefühlen ab, auch von den schönen wie Liebe, Freude, Glück. Doch manchmal ist es wichtig, sich von belastenden Gefühlen zu verabschieden. Dann nämlich, wenn sie einen beherrschen und man sich dadurch immer mehr in eine Negativspirale bringt. Wenn alte Verletzungen dazu führen, dass wir anderen nicht mehr vertrauen oder weniger Freude empfinden oder wir uns nicht an etwas Neues wagen, sollten wir versuchen, dieses Gefühl loszulassen.

Alte Verletzungen lähmen

Wie sieht es mit den Narben auf deiner Seele aus? Sind da Verletzungen, die dich mit deinem Leben hadern lassen? Denkst du öfter: »Wenn das nicht gewesen wäre, dann …« oder »Wenn das anders gekommen wäre, dann …« Oder um konkreter zu werden, denkst du öfter: »Wenn die Kündigung nicht gekommen wäre«, »Wenn er/sie mich nicht verlassen hätte«, »Wenn die Schulden nicht so hoch wären«? Solche Gedanken lähmen auf Dauer und verhindern, dass du mit Freude im Hier und Jetzt lebst.

Solche Gedanken können auch krank machen. Der New Yorker Orthopäde Dr. John E. Sarno sieht die Ursache für viele Rücken- und Schulterschmerzen in Stress, Ängsten und unterdrückter Wut. Er ist davon überzeugt, dass psychische Belastungen in vielen Fällen zu körperlichen Beschwerden führen können. Sein Rezept dagegen ist ziemlich simpel. Er rät Patienten mit wiederkehrenden Rücken- und Schulterproblemen dazu zu schreiben. Jeden Tag sollen sie drei Seiten über das schreiben, was sie gerade bewegt. Ohne darauf zu achten, ob es nun schöne Sätze sind oder ob sich das Geschriebene gut lesen lässt. Keiner wird es je zu lesen bekommen. Es geht nur darum, alle Gefühle, die man hat und die einen oftmals hemmen, herauszulassen und niederzuschreiben. Schon nach wenigen Wochen verschwinden seiner Erfahrung nach viele körperliche Beschwerden. Meine Freundin Sandra hat eine sehr schmerzhafte Schulterkapselentzündung auf die Art losbekommen. Sie nahm keine Medikamente, schrieb sich jeden Tag drei Seiten lang ihre Gedanken von der Seele und war nach sechs Wochen schmerzfrei.

Doch auch wenn du keine körperlichen Beschwerden hast, hilft das Niederschreiben bei der Verarbeitung bedrückender Gedanken. Schreibe deine Gefühle und Verletzungen jeden Tag auf. Schreibe einfach völlig unsortiert, was gerade in dir hochkommt. Lass Wut, Ärger, Trauer und Schmerz zu. Diese Gefühle werden am häufigsten unterdrückt, weil sie gesellschaftlich wenig anerkannt sind. Ein Kollege, der wütend Türen schmeißt, hat sich selbst nicht im Griff. Oder eine Chefin, die anfängt zu weinen, wird als peinlich angesehen. Doch diese Gefühle haben genauso ihre Berechtigung wie die positiven.

Alte Gefühle verabschieden

Meine Klientin mit dem unerfüllten Kinderwunsch schrieb über viele Wochen jeden Tag ihre Gedanken und Gefühle auf. Sie ließ ihrer Trauer freien Lauf über die nie geborenen Kinder und ihre Wut, dass das Schicksal sie so bestrafe. Nach wenigen Wochen veränderten sich ihre Gefühle, sie wurde ruhiger. Nun sollte sie nicht mehr nur täglich ihre Gedanken und Gefühle aufschreiben, sondern auch einige Sätze dazu formulieren, was positiv an der Situation war. Das fiel ihr anfangs schwer, doch mehr und mehr konnte sie darauf Antworten finden. Nach drei Monaten war sie so weit, dass sie die Situation, wie sie war, akzeptieren konnte. Um ihren Wunsch nach einem zweiten Kind endgültig »zu beerdigen«, trafen wir uns am Rhein. Dort faltete sie aus den Papieren, auf denen sie in den Wochen davor ihre Gefühle niedergeschrieben hatte, kleine Papierboote und übergab sie dem Wasser. Lange schauten wir wortlos der Reihe von Papierschiffchen hinterher, bis sie irgendwann den Kopf hob und sagte: »Jetzt ist es gut.«

Und tschüs, alte Verletzungen!
SO KANNST DU BELASTENDE GEFÜHLE LOSLASSEN

Übungsanleitung

Wenn du belastende Gefühle loslassen willst, dann gib ihnen den Raum, der ihnen zusteht. Stelle sie einige Wochen lang ganz in den Mittelpunkt deiner Aufmerksamkeit. Allerdings nur für eine begrenzte Zeit am Tag.

- Nimm dir jeden Tag ca. 30 Minuten, um deine Gedanken und Gefühle, die dich nicht loslassen, niederzuschreiben.

- Schreibe völlig unsortiert, aber möglichst in ganzen Sätzen. Welche Gefühle empfindest du? Was denkst du über die Situation oder den Menschen, der das Gefühl hervorgerufen hat?

- Lass alle Gefühle zu, auch die, die du sonst nicht gerne hochkommen lässt.

- Wichtig ist, dass du jeden Tag schreibst, auch wenn du dich nach einer Weile wiederholst.

- Wenn du merkst, dass sich deine Gefühle verändern, versuche deinen Blick auf das Positive zu lenken und finde Antworten auf die Frage: »Was ist gut an der Situation, so wie sie ist.«

- Höre nicht zu früh auf, deine Gefühle aufzuschreiben. Es braucht seine Zeit, um alte Verletzungen wirklich loslassen zu können.

- Wenn du merkst, dass du die Situation, so wie ist nun einmal ist, akzeptieren kannst, dass du nicht mehr dagegen ankämpfst, kannst du dir ein »Abschiedsfest« für diese Gefühle ausdenken. Du kannst das Papier mit dem Geschriebenen verbrennen oder im Garten vergraben.

Wenn du lernen möchtest, auch andere belastende Gefühle in Stresssituationen schneller loslassen zu können, kannst du dich mit »The Work« von Byron Katie vertraut machen. Die US-Amerikanerin hat eine Methode entwickelt, wie man es schafft, Wut oder Ärger loszulassen. In dem Prozess geht es darum, die Realität anzuerkennen und sich nicht in »Wenn-dann-Sätzen« zu verlieren. Dabei werden die eigenen Gedanken auf den Wahrheitsgehalt überprüft. Stimmt es wirklich, was man denkt? Oder könnte es nicht auch eine andere Wahrheit geben? Anschließend geht es um die Fragen »Wie reagierst du, wenn du diesen Gedanken glaubst?« und »Wer wärst du ohne diesen Gedanken?«. Byron Katie hat zu ihrer Methode einige Bücher geschrieben, die auch auf Deutsch erschienen sind. Gelehrt wird »The Work« in ihrer Schule in Kalifornien, USA. In Deutschland bietet zum Beispiel Ulrich Bührle in Stuttgart und Freiburg entsprechende Kurse an.

Was ich dir **SCHON IMMER** *mal sagen wollte*

Sprechen hilft. Das wissen wir alle. Nach einem guten Gespräch mit einer Freundin oder dem besten Kumpel fühlt man sich besser. In Therapiesitzungen wird größtenteils geredet. Man kann sich schlechte Erfahrungen buchstäblich von der Seele reden. Doch manchmal ist ein Gespräch zur Klärung einer Situation nicht möglich. Wenn dir etwas auf der Seele lastet und für einen Grauschleier im Alltag sorgt, hilft ein kleiner Trick.

Gehen dir öfters Gedanken durch den Kopf wie »Am liebsten würde ich ihm sagen, dass …«? Sprichst du in deiner Fantasie öfter mit Menschen und sagst ihnen endlich alles das, was du ihnen schon längst mal sagen wolltest? Wie sehr sie dich enttäuscht haben? Oder verletzt? Oder einfach nur, was du von ihnen hältst? Und wie fühlst du dich dabei? Erleichtert? Oder bist du eher frustriert, weil du dich doch nie trauen würdest, diese Gedanken tatsächlich laut zu formulieren? Oder weil dir der Adressat gar nicht mehr zuhören kann, da du keinen Kontakt mehr zu ihm hast (Exmann/-frau) oder er längst verstorben ist (Eltern). Oft vergiften solche Gedanken unseren Alltag, denn sie führen zu keinem Ziel. Weder erfährt der Adressat etwas davon, noch können wir unseren Ärger oder Frust oder unsere Enttäuschung auflösen. Zudem halten uns solche Gedanken davon ab, im Hier und Jetzt zu leben, und das macht lichtgraue Tage ganz schnell zu dunkelgrauen Tagen.

> »Um klar zu sehen, reicht oft ein Wechsel der Blickrichtung.«
>
> Antoine de Saint-Exupéry

Ich möchte dir sagen, dass …

ICH-BOTSCHAFTEN AUS VERSCHIEDENEN PERSPEKTIVEN AUSSPRECHEN

Übungsanleitung

Aus der Gestalttherapie von Fritz Perls kommt eine Übung, die dir helfen kann, solche ungesagten, meist negativen Gedanken zu reflektieren und sie auf diese Weise loszuwerden. Dafür brauchst du nur zwei leere Stühle und ein bisschen Fantasie.

- Nimm dir ein bisschen Zeit, einen Raum, in dem du ungestört bist, und zwei Stühle. Stelle die beiden Stühle so gegenüber, dass sie sich »anschauen«.

- Nimm auf dem einen Stuhl Platz und stelle dir nun vor, auf dem anderen Stuhl sitzt die Person, der du schon immer einmal etwas sagen wolltest. Schau diese Person in deiner Fantasie an und dann sage ihr laut alles, was dich belastet.

- Wenn du alles laut ausgesprochen hast, tritt hinter deinen Stuhl und betrachte die ganze Situation von oben aus einer neuen Perspektive. Hast du alles gesagt? Dann kannst du den nächsten Punkt überspringen. Oder hast du etwas vergessen? Dann setze dich noch einmal auf deinen Stuhl und sage der Person dir gegenüber, was du anfangs vergessen hattest.

- Tritt nun noch einmal hinter deinen Stuhl und überlege, ob du alles gesagt hast.

- Wenn du alles ausgesprochen hast, dann gehe zu dem anderen Stuhl und setze dich dorthin. Stelle dir vor, du wärst die Person, zu der du zuvor gesprochen hast. Diese Person hat alles gehört, was du gesagt hast. Versetze dich in diese Person. Wie könnte das Gesagte bei ihr angekommen sein? Was würde diese Person antworten? Wie würde sich die Person fühlen? Sprich nun wiederum alles laut aus und schau dabei den Stuhl an. Du sprichst jetzt quasi zu dir selbst.

- Wenn du im Namen der Person alles gesagt hast, tritt hinter den Stuhl und schau aus dieser Perspektive die Szene an. Gibt es noch etwas zu sagen? Wenn ja, nimm noch einmal Platz.
- Wenn du alles gesagt hast, dann stelle dich jetzt an einen Platz, an der du beide Stühle im Blick hast. Einmal angenommen, du wärst eine weise Frau oder ein weiser Mann: Was würdest du den beiden auf den Stühlen (also dir und der Person) raten?

Mit dieser Übung wechselst du die Blickrichtung. Du kannst eine neue Perspektive einnehmen und erweiterst damit deinen Handlungsspielraum. In der Rolle der »weisen Frau/des weisen Mannes« findest du oft Lösungen, um deinen persönlichen Frieden zu schließen.

Diese Übung kann man auch nutzen, um andere Fragen im Leben zu klären. Zum Beispiel wenn man wichtige Entscheidungen treffen muss und man alle wichtigen Entscheidungen einmal durchspielen möchte. Oder wenn man als Chef, Elternteil, Partner etc. viele unterschiedliche Rollen innehat und sich diese nicht mehr klar abgrenzen lassen. Dieser Perspektivenwechsel kann eine starke Wirkung auf dich haben, deshalb ist es bei schwerwiegenden Fragestellungen empfehlenswert, einen Coach hinzuzuziehen. Insgesamt ist diese Übung recht anspruchsvoll, wenn man sie das erste Mal alleine für sich durchführt. Wenn du dich damit schwertun solltest, gehe einfach nur die ersten Schritte. Oft verspürt man schon Erleichterung, wenn man nie gesagte Gedanken einmal laut ausgesprochen hat.

GESTALTE
DEINE ZUKUNFT

Gestalte DEINE ZUKUNFT *aktiv*

Kinder haben oft ganz genaue Vorstellungen, wie ihr Leben einmal werden soll. Sie wissen, was sie werden wollen, wie ihr Wunschpartner aussehen soll und wie viele Kinder sie bekommen möchten. Im Laufe eines Lebens verwässern sich diese Vorstellungen häufig. Weil wir sie aus den Augen verloren haben oder weil das Schicksal etwas anderes mit uns vorhatte. Aber gerade dann macht es Sinn, sich immer wieder mit seiner Zukunft zu beschäftigen und sie aktiv zu gestalten – ganz unabhängig vom Alter.

Die meisten Pläne machen wir in jungen Jahren, wenn das Leben noch vor uns liegt. Und wieder sehr viel später, wenn wir aus dem aktiven Berufsleben ausscheiden und unser Rentnerleben gestalten. Viele Senioren sind heute aktiver als in den vergangenen Jahrzehnten und haben Freude daran, Pläne für den dritten Lebensabschnitt zu machen und umzusetzen. Doch was ist mit der Zeit dazwischen? Menschen zwischen Ende 30 und Anfang 60 sind oft so eingespannt in Beruf, Familie, Betreuung der älter werdenden Eltern und vielem mehr, dass Zeit und Kraft fehlen, um die nächste Zukunft zu planen. So wird das Leben häufig abgearbeitet, statt gelebt. Viele haben auch längst vergessen, welche Ziele sie einmal hatten.

In diesem Kapitel kannst du Ideen für deine Zukunft entwickeln oder alte Pläne wieder ans Licht bringen. Denn nur, wenn du weißt, was du willst, kannst du dafür sorgen, dass du es bekommst. Dann erst bist du in der Lage, die notwendigen Schritte Richtung Ziel zu gehen. Bei einigen Übungen wirst du vielleicht etwas länger nachdenken müssen. Nimm dir die Zeit. Es geht um deine Zukunft, und Rom wurde auch nicht an einem Tag erbaut.

Hier ist es besonders empfehlenswert, alle Gedanken schriftlich festzuhalten. Denn manchmal erscheint einem ein Gedanke anfangs als viel zu kühn, viel zu groß. Schreibe ihn trotzdem auf und lass ihn sacken. Er kann dir dann nicht mehr verloren gehen, wenn du ihn schriftlich niedergelegt hast. Und vielleicht entwickelt sich genau dieser Gedanke im Laufe der Zeit zu dem Baustein, den du für eine glückliche Zukunft brauchst.

Übernimm DIE REGIE *in deinem Leben*

Menschen, die Regie in ihrem Leben führen, wissen, was sie wollen und wie sie an ihr Ziel kommen. Doch viele Menschen haben die Verantwortung für ihr Leben abgegeben – an den Partner, die Partnerin, die Familie oder das Schicksal. Dann kann man selbst nichts dafür, wenn etwas nicht so eintrifft, wie man es gerne möchte. Doch leider bekommt man dann auch nicht das Leben, das man sich erträumt. Deswegen ist ein ganz wichtiger Schritt für ein schönes Leben: Nimm die Verantwortung für dein Leben in die eigenen Hände.

Du kennst sicherlich die Stühle aus sehr festem Leinen zum Zusammenklappen, die es an Filmsets gibt. Hintendrauf steht in großen schwarzen Lettern der Name der Schauspieler oder einfach nur »Regie«. Das ist der wichtigste Stuhl der gesamten Produktion, denn auf diesem Stuhl sitzt der Mensch, der bei Dreharbeiten das Sagen hat. Er bestimmt, wie das Drehbuch umgesetzt wird, er sagt den Schauspielern, wie sie agieren sollen, er gibt auch vor, wie der Film am Ende geschnitten werden soll.

Stell dir einmal deinen Regiestuhl vor. Siehst du ihn, wie er mitten in deinem Leben steht? Und jetzt beantworte ganz ehrlich die Frage: Wer sitzt auf diesem Stuhl? Bist du es selbst? Oder sitzen da nicht hauptsächlich andere Menschen? Dein Chef? Die Kollegen? Dein Partner? Die Kinder? Vielleicht sogar die Schwiegermutter? Und all diese Menschen sagen dir, wie du dein Leben gestalten sollst, was du machen sollst und was besser nicht? Eigentlich geht es meistens darum, was du für die anderen tun kannst. Und wenn du all den Aufforderungen und Bitten nachkommst, bleibt womöglich keine Zeit und meist auch keine Kraft, um dein eigenes Leben zu gestalten. Ist das bei dir so oder so ähnlich?

Wenn du jetzt mehrfach genickt oder in Gedanken »Ja« gesagt hast, dann gibst du anderen Menschen viel Macht über dein Leben. Du lässt dich von anderen bestimmen, bist also eher fremdbestimmt als eigenbestimmt. Das ist an sich nichts Schlechtes, denn viele Menschen meinen es durchaus gut mit dir. Das Problem ist nur: Keiner weiß besser, was gut für dich ist, als du selbst.

Das Gefühl, sein Leben selbst zu bestimmen, ist wunderbar

Daneben gibt es noch einen anderen wichtigen Grund, warum es gut ist, die Regie im eigenen Leben selbst zu übernehmen: Es macht stolz, etwas selbst zu gestalten. Es ist allein schon ein herrliches Gefühl, wenn man seinen Garten oder auch nur ein Beet selbst beackert hat und die Früchte der Arbeit ernten kann. Um wie viel besser muss das Gefühl sein, das eigene Leben so zu gestalten, wie man möchte? Charlie Chaplin sagte einmal: »Das Filmemachen erzeugt bei mir einen ordentlichen Nervenkitzel, und zwar als Regisseur und Produzent mehr als in der Funktion des Schauspielers. Es ist die uralte Befriedigung, etwas zu schaffen, etwas zu formen, das Substanz hat.«

Nimm Platz auf deinem Regiestuhl

Doch viele Menschen zögern, die Regie für das eigene Leben zu übernehmen. Dafür gibt es viele Gründe. Sie wollen nicht als Egoisten dastehen, die in erster Linie ihre eigene Zufriedenheit im Sinn haben. Sie wollen sich bei anderen nicht unbeliebt machen, indem sie deren Bitten nicht erfüllen. Sie haben nie gelernt, »Nein« zu sagen. Sie kennen es einfach nicht anders. Und dann fehlt oft auch noch der Mut, Entscheidungen für das eigene Leben zu treffen. Denn dann muss man für sich selbst einstehen. Dann kann man sich nicht mehr hinter anderen verstecken. Dann kann man keinem die Schuld geben, wenn etwas nicht gut läuft. Auf der einen Seite möchte man schon ein wenig mehr das eigene Leben bestimmen. Auf der anderen Seite scheut man die Verantwortung, die damit einhergeht.
Doch du solltest es einmal ausprobieren, wie es sich anfühlt, die Regie zu übernehmen. Du wirst in deinem Leben Grundsätzliches verändern können, wenn du dich dafür entscheidest, in Zukunft selbst das Ziel vorzugeben. Dann wirst du dich weniger mit Menschen und Umständen plagen müssen, die dir Energie rauben. Du wirst mehr und mehr das tun können, was du wirklich willst. Es wird dich am Anfang einige Überwindung kosten, nicht alle Erwartungen anderer zu erfüllen. Aber bei jedem Schritt, den du gehst, bei jeder Entscheidung, die du zu deinem eigenen Wohl triffst, wirst du dich

»Mit dem Leben ist es wie mit einem Theaterstück.
Es kommt nicht darauf an, wie lang es ist, sondern wie bunt.«

Lucius Annaeus Seneca

leichter, befreiter und glücklicher fühlen.
Wenn man in seinem Leben schon einmal etwas geschaffen hat, auf das man stolz ist, kann man sich auch in Krisenzeiten immer wieder darauf berufen. Menschen, die daran glauben, dass sie fähig sind, etwas zu lernen oder eine bestimmte Aufgabe auszuführen, bewältigen Aufgaben viel ausdauernder und haben ein deutlich geringeres Risiko, Angststörungen zu entwickeln. In der Positiven Psychologie spricht man dabei von »Selbstwirksamkeit«, also die Überzeugung, durch eigenes Handeln sogar große Herausforderungen meistern zu können.
Voraussetzung dafür ist allerdings, dass du bereit bist, die Verantwortung für dein Leben zu übernehmen. Ich gebe zu, dass es leichter ist, die Verantwortung für das eigene Leben dem Partner oder dem Chef zu übergeben. Aber der Preis, den man dafür zahlt, ist sehr hoch. Denn man bekommt nie oder selten das, was man wirklich will. Immer nur das, was andere wollen. Dass andauernde Fremdbestimmung unzufrieden und nörglerisch macht, liegt auf der Hand.

Deswegen: *Fang heute noch an, die Regie in deinem Leben zu übernehmen.* Wie dir das gelingen kann, zeigt die Übung auf der nächsten Seite.

NEIN zu anderen, JA zu den eigenen Wünschen

Wenn du zunehmend selbstbestimmt leben willst, dann überlege dir bei allem, was du tust, bei jeder Bitte von anderen, ob du das wirklich willst. Sage nicht sofort »Ja«, sondern bitte dir Bedenkzeit aus. Und dann überlege ganz genau, ob du dem Wunsch der Kollegin, des Partners, der Nachbarin wirklich nachkommen willst oder ob du damit wertvolle Zeit vertust, um anderen zu gefallen, anstatt das zu machen, was dir guttut? Wenn am Ende der Überlegungen ein »Nein« steht, ein »Ich will es eigentlich nicht machen«, dann sage auch einmal »Nein«. Das ist besonders am Anfang schwer, und du musst damit rechnen, dass man dich verwundert und ungläubig anschaut. Wappne dich gegen diesen Blick. Denke daran, was du in dieser Zeit Gutes für dich tun kannst. Fang bei kleineren Gefallen an mit »Nein-Sagen«. Ein guter Übungsplatz sind die Anfragen von Kollegen, ob man nicht

»noch schnell« die eine oder andere Aufgabe übernehmen könne. Wenn du dafür eigentlich keine Zeit hast, lehne ab. Das wird am Anfang vermutlich erst einmal ein schlechtes Gewissen verursachen. Aber glaube mir: Je mehr du tust, was du WIRKLICH willst, je mehr du die Regie in deinem Leben übernimmst, je mehr du gut für dich selbst sorgst, desto strahlender wird dein Leben. Und wenn du gelernt hast, dein Leben »im Kleinen« zu gestalten, dann wirst du auch immer mehr den Mut finden, große Dinge anzugehen. Du wolltest schon immer mal nach Vietnam reisen? Du wolltest schon immer mal eine Wildwassertour machen? Du wolltest schon immer dein eigenes Geschäft aufmachen? Aber du hast dich nie getraut, weil dich niemand in der Familie und im Freundeskreis unterstützt? Wenn du anfängst, für dich selbst einzustehen, wirst du dir erst deine kleinen Wünsche und irgendwann die großen Träume deines Lebens erfüllen. Es ist dein Leben. Und auch wenn es anstrengend ist und Mut dazu gehört, die Regie für das eigene Leben zu übernehmen, lohnt sich der Aufwand. Denn nur so bekommst du das, was du wirklich willst.

Positive Gefühle jederzeit abrufen

Du kennst das sicherlich, dass ein Lied oder ein Duft Erinnerungen an schöne Momente deines Lebens hervorruft. Solche Verknüpfungen zwischen Reiz und Reaktion werden in der Regel unbewusst hervorgerufen. Du kannst sie aber auch ganz bewusst einsetzen, um dich an grauen Tagen an etwas Positives, das du erlebt hast, zu erinnern.
Diese Technik nennt man »Ankern«, du verknüpfst zwei oder mehr Reize miteinander. Momente des Glücks oder der Leichtigkeit verbindest du mit einer Handbewegung oder mit einem Geruch oder mit irgendetwas, das reproduzierbar ist. So kannst du in Krisenzeiten auf dieses schöne Gefühl zurückgreifen. Je häufiger du diese Verknüpfungen zusammenbringst, desto leichter lässt sich das geankerte Gefühl gewollt hervorrufen.
Ganz konkret geht »Ankern« folgendermaßen: Wenn du in einer Situation bist, in der es dir richtig gut geht und du »Juchhu« schreien möchtest vor Glück, wenn es dir also richtig gut geht und du dieses Gefühl ganz und gar spüren kannst, dann mach eine Bewegung, die dich zukünftig an dieses Gefühl erinnern soll. Zupf dir am Ohrläppchen. Oder drücke mit der einen Hand fest das andere Handgelenk. Oder streichele dich am Oberarm. Immer wenn es dir nicht gut geht, kannst du dich mit dieser Bewegung an die schöne Situation zurückerinnern, und die negativen Gefühle verschwinden leichter. Wenn du eher der olfaktorische Typ bist oder der auditive, dann kannst du das Gefühl, das du ankern möchtest, auch mit einem Geruch oder einer Melodie verbinden.

Um Regisseur in deinem Leben werden zu können, musst du natürlich wissen, wie der Film deines Lebens überhaupt aussehen soll. Darum geht es in den nächsten beiden Abschnitten.

Wer gibt hier die Anweisungen?
SO WIRST DU ZUM REGISSEUR DEINES LEBENS

Übungsanleitung

- Stell dir einmal vor, du sitzt auf deinem Regiestuhl. Hinten auf der Rückenlehne steht dein Name. Blicke nun von deinem Stuhl aus auf dein Leben. Was siehst du?

- Lass vor deinem inneren Auge deine Tage wie einen Film an dir vorüberziehen. Womit sind deine Tage angefüllt? Erledigst du Dinge, die andere von dir verlangen? Oder gestaltest du deinen Tag? Natürlich kann man nicht 24 Stunden am Tag machen, was einem am liebsten ist. Aber bei all den Pflichten muss man sich selbst eine Nische zur Selbstverwirklichung einräumen – eine Ecke im Leben, in der man seinen eigenen Film dreht.

- In welcher Ecke könntest du anfangen, deinen eigenen Film zu drehen? In deiner Freizeit, in der du zukünftig häufiger das machst, was du wirklich gerne machst? Oder willst du eher beruflich etwas ändern?

- Kannst du fühlen, wie es ist, auf dem Regiestuhl zu sitzen und selber zu entscheiden, wie dein Leben aussehen soll? Wenn du es so richtig in dir spüren kannst, wenn du die Bilder in deinem Kopf sehen kannst, dann solltest du dieses Gefühl »ankern«. Das heißt, du speicherst das Gefühl ab, sodass du bei Bedarf darauf zurückgreifen kannst. Wie »Ankern« geht, kannst du im Textkasten auf der vorhergehenden Seite nachlesen. Immer wenn du in deine fremdbestimmte Rolle zurückfällst, erinnere dich an dieses geankerte Gefühl. Damit wird es dir leichter fallen, wieder mehr Regisseur zu werden und die Verantwortung für dein Leben zu übernehmen.

Werde DER PICASSO *deines perfekten Lebens*

Geht es dir manchmal so, dass dir das eigene Leben nicht (mehr) gefällt? Doch du weißt nicht, wie dein Leben stattdessen aussehen soll? Was wünschst du dir? Um zu wissen, was du ändern sollst, musst du dein Ziel kennen. Deswegen ist es gut, wenn du dir einmal ein Bild deines perfekten Lebens gemacht hast.

Das Bild des eigenen Lebens wird anfangs erst einmal von anderen gemalt. Die Eltern, die Familie, die Herkunft kann man sich nicht aussuchen – die sind auf dem eigenen Lebensbild schon drauf. Fest und unverrückbar. Und irgendwie gewöhnt man sich im Lauf des Lebens daran, dass andere auf dem eigenen Bild herummalen. Freunde, Freundinnen, Partner, Kolleginnen, Chefs – viele Maler sind da am Werk. Doch was davon ist wirklich deins?

Um herauszufinden, wie sich dein Leben in Zukunft gestalten soll, musst du dein eigenes Bild malen. Dabei ist es nicht wichtig, ob du ein großes Zeichentalent bist oder nicht. Du musst nicht mal wirklich malen. Du kannst aus Ausschnitten von Zeitschriften eine Collage basteln oder alles aufschreiben oder nur in Gedanken dein Bild malen. Wichtig ist nur, dass du gedanklich einmal über alle Grenzen und Hürden springst und dich traust, groß zu denken.

Stell dir einmal vor, dein Leben würde sich

»Die Gedanken,
für die wir uns *entscheiden*,
sind die PINSEL, mit denen wir unser
Lebensgemälde malen.«

Louise Hay

in den nächsten Jahren genau so entwickeln, wie du es möchtest. Es würde sich einfach alles perfekt in deinem Sinne ergeben. Wie würde dein Leben dann aussehen?
Gehe in Gedanken jeden einzelnen Lebensbereich durch.
Wie wird sich dein Privatleben in den nächsten Jahren verändern, sodass es deinen Vorstellungen entspricht? Siehst du dich in einer Beziehung? Mit Familie? Oder eher als Single? Siehst du in deiner perfekten Zukunft die Menschen um dich, die dich im Moment begleiten? Oder malst du dir andere Begleiter, die dir mehr das geben, was du brauchst? Lass dich beim Denken und Malen nicht einschränken von Menschen, die jetzt in deinem Leben sind. Wenn dir diese nicht guttun, habe den Mut, sie aus deiner Zukunftsvision zu streichen. Ist ja (erst einmal) nur in Gedanken oder auf dem Papier. Welche Menschen siehst du in deinem perfekten Leben noch? Welche Freunde, Bekannte oder Nachbarn werden eine Rolle spielen? Mit wem willst du gemeinsame Essen veranstalten, Spaß haben, ins Kino gehen? Werden das ganz neue Freunde sein oder kennst du viele davon bereits? Wie siehst du deine berufliche Zukunft? Beim gleichen Arbeitgeber wie jetzt? Oder steht dir der Sinn nach Veränderungen? Nach einer anderen Aufgabe in derselben Firma oder ganz was anderes? Vielleicht eine Selbstständigkeit?

Wolltest du schon immer dein eigener Chef sein, und wirst du dieses Ziel in den nächsten Jahren verfolgen? Oder willst du in Zukunft weniger arbeiten? Willst du mehr Muße und Zeit haben für deine Hobbys?

Was würdest du tun, wenn du könntest, wie du wolltest?

Wenn sich dein Leben in den nächsten Jahren perfekt entwickeln würde, was würdest du dann tun? Wie würdest du deine Zeit verbringen? Würdest du mehr Sport treiben oder mehr handarbeiten? Würdest du eine Sprache lernen oder endlich einen Kräutergarten anlegen? Wärst du gern häufiger mit dir allein, oder hättest du einen größeren Freundeskreis, mit dem du alles Mögliche unternehmen kannst?
Male dir dein Leben bunt und plastisch aus. Stell dich selbst in die Mitte deines Bildes und gruppiere alles, was dir für dein Leben wichtig ist oder wichtig werden soll, um dich herum. Sprenge dabei Grenzen und lass dich nicht einengen von Gedanken, dass dies oder jenes völlig unrealistisch sei. Es ist viel mehr möglich, als man oft glaubt. Grenzen sind nur dort zu akzeptieren, wo ein Wunder vonnöten wäre, damit der Wunsch Wirklichkeit werden kann. Wenn du dich also in Zukunft als Chefarzt einer großen Klinik siehst, aber im mittleren Alter noch kein Medizinstudium hast, wird es sehr schwierig. Oder wenn du gern Olympiateilnehmerin in der Skiabfahrt wärst, aber noch nie auf Skier standest, könnte es tatsächlich eher nichts damit werden. Aber wenn du leidenschaftlich gern kochst und immer schon ein kleines Restaurant oder Café haben wolltest, dann male das in dein Bild. Oder wenn du aus deinem geschickten Umgang mit Wolle und Stoffen einen Beruf machen möchtest, dann mache daraus einen Teil deiner Zukunft.

Welche Schritte musst du gehen, um dein Ziel zu erreichen?

Wenn du dein Bild farbig und möglichst detailliert gemalt oder aufgeschrieben hast, dann suche dir einen Teil davon aus. Den Teil, den du als Erstes in dein zukünftiges Leben integrieren möchtest. Und dann überlege dir, welche Schritte du gehen musst, damit dieser Teil Realität werden kann.

Wenn du dich beispielsweise in fünf Jahren in einer Selbstständigkeit siehst, dann überprüfe, welche Voraussetzungen dafür nötig sind. Welche Genehmigungen braucht man? Gibt es Gründerkredite? Wer kann dich unterstützen – mit Geld, Ideen oder tatkräftiger Hilfe? Informiere dich bei entsprechenden Stellen. Industrie- und Handelskammern oder Handwerkskammern beraten auch Nicht-Mitglieder. Je detaillierter du die Schritte beschreibst, die du gehen musst, um deinen Traum wahr werden zu lassen, umso genauer weißt du, was zu tun ist. Vielleicht willst du aber auch erst einmal in einen ähnlichen Betrieb, wie du ihn in Zukunft haben willst, reinschnuppern. Dann erkundige dich nach einem Betriebspraktikum. Dafür wirst du deinen Jahresurlaub opfern müssen, aber das dürfte dir deine Zukunft wert sein.
Vielleicht hast du aber auch andere Ziele. Vielleicht sehnst du dich nach weniger Trubel und mehr Gelassenheit. Auch hier gilt: Überlege dir, wie deine Zukunft aussehen soll. Wie ruhig soll dein Leben werden, und was willst du dann machen? Wenn du das weißt, dann beschreibe die einzelnen Schritte, die du gehen musst, um an dein Ziel zu kommen.
Das Ziel so genau wie möglich zu definieren, ist der Schlüssel zum Erfolg. Wenn du abnehmen möchtest, reicht es nicht zu sagen: »Ich will weniger wiegen.« Wichtig ist zu definieren, wie viel weniger du wiegen möchtest. Ein definiertes Ziel wäre auch, dass du wieder in eine alte Hose passen möchtest. Wenn das Ziel klar ist, musst du die Schritte festlegen, die dafür nötig sind. Also was isst du, um abzunehmen? Und was isst du nicht mehr? Welchen Sport treibst du an welchem Tag der Woche? Auch hier hilft es dir, wenn du so genau wie möglich beschreibst, was du machen wirst.

Wenn du erst einmal einen Teil aus dem Bild deines perfekten Lebens in die Realität geholt hast, wirst du es nach und nach auch mit den anderen Teilen schaffen.

Keine Scheu vor dem Übermalen

Vielleicht merkst du aber auch, dass sich manches im echten Leben gar nicht so gut anfühlt wie gedacht. Dann halte nicht daran

»Wenn es nur eine einzige Wahrheit gäbe, könnte man nicht hundert Bilder über dasselbe Thema malen.«

Pablo Picasso

fest, sondern lass es los. Ich hatte zum Beispiel immer den großen Wunsch, einmal nach Tibet zu reisen. Jahrelang wartete ich darauf, dass meine Kinder groß genug werden für diese gemeinsame Reise. Leider war mein Mann zwischenzeitlich gesundheitlich nicht mehr in der Lage für diesen strapaziösen Trip. Daraufhin wollte ich mich mit einer Reisegruppe auf den Weg machen. Ich beschäftigte mich ausführlich mit den Sehenswürdigkeiten, der wundervollen Landschaft und den klimatischen Bedingungen. Ich recherchierte, welche Jahreszeit die beste ist, und verglich ausführlich Reiseverläufe und Preise der Anbieter. Doch je mehr ich mich mit dem Land und dem anstehenden Abenteuer beschäftige, desto mehr spürte ich, dass ich die Reise liebend gern mit meiner Familie gemacht hätte, aber nicht ohne sie. Erstaunlicherweise tat es nicht einmal weh, diese Reise aus meinem Bild zu streichen. Manchmal glauben wir nur, dass etwas, das wir nicht haben, gut für uns wäre. Dass genau dieser eine Trip, dieser eine Mensch, diese eine bestimmte Stelle genau das ist, was wir im Leben wollen. Wenn du dann feststellst, dass es gar nicht so ist, dann hast du zumindest etwas für dein Leben gelernt. Das kann schmerzen und enttäuschend sein. Aber dann malst du das Bild deines perfekten Lebens eben um. Denn auch das ist ein weiterer Schlüssel für eine glückliche Zukunft: Akzeptiere, dass das Bild von deinem perfekten Leben nie perfekt sein wird. Es ist eine Skizze, an der du permanent ändern, ausradieren und neu malen sollst. Denn wir Menschen ändern uns und entwickeln uns weiter. Und so müssen wir auch unsere Ideen und Lebensentwürfe den Veränderungen anpassen. Auch ganz große Maler haben ihre Werke öfter übermalt, weil es ihnen nicht mehr gefallen hat oder weil ihnen im Laufe der Zeit andere Entwürfe mehr zugesagt haben. Im eigenen Bild des Lebens zu zeichnen und zu übermalen, ist eine große Kunst. Hab keine Scheu davor. Fang einfach an.

Das Bild deines perfekten Lebens kann nie perfekt sein. Wenn du das akzeptierst, kannst du ohne Scheu und Zögern malen und übermalen.

DU MUSST DAS LEBEN NICHT VERSTEHEN,
dann wird es werden wie ein *Fest*.
Und lass dir jeden Tag geschehen,
so wie ein Kind im Weitergehen von jedem Wehen
sich viele Blüten *schenken lässt*.

Sie aufzusammeln und zu sparen,
das kommt dem Kind NICHT IN DEN SINN.
Es löst sie LEISE aus den Haaren,
drin sie *so gern* gefangen waren,
und hält den lieben jungen Jahren
nach neuen seine Hände hin.

Rainer Maria Rilke

Jahr für Jahr EINEN GUTEN PLAN *entwickeln*

Man kann nicht vorhersehen, was das Jahr für einen bringt. Aber man kann Pläne machen und sich daran in schwierigen Zeiten festhalten. Mit dem Bild des perfekten Lebens hast du sozusagen das eigene Haus, die Größe, das Aussehen, die Wände und das Dach definiert, mit den Jahresplänen bestimmst du die Einrichtung.

Viele Menschen, die einen guten Vorsatz haben, beginnen diesen mit einer Shoppingtour. Wer mehr Sport treiben will, geht in ein Sportgeschäft und deckt sich dort mit den richtigen Schuhen, Kleidung und Sportgeräten ein. Wer abnehmen will, kauft tolle Kochbücher mit Low-Carb-, Low-Fat- oder anderen Rezepten. Wenn du in Zukunft Jahrespläne machen willst, dann empfehle ich dir den Kauf eines schönen Notizbuches. Es muss gar nicht groß sein. Meins passt in meine Handtasche, damit ich es immer mitnehmen kann. Ein Notizbuch ist besser als eine Loseblattsammlung, weil du in dem Büchlein deine Gedanken, deine Ideen sammeln kannst. Und auch, weil du über Jahre verfolgen kannst, was du umgesetzt hast und welche Idee es vielleicht wert wäre, noch einmal aufgenommen zu werden.

Pläne, die man niederschreibt, haben eine größere Chance, ins Leben zu kommen. Vielleicht kennst du diesen schönen Spruch:

> »Was mir durch die Hand geht, geht mir durch den Kopf«.

Beim Schreiben selbst wird man sich klarer, was man eigentlich will.

Neben dem Notizbuch brauchst du außerdem Zeit. Pläne für das kommende Jahr macht man

nicht eben mal so nebenbei. Wann und wo du deine Pläne machst, liegt an deinen persönlichen Vorlieben. Ein Freund von mir trifft sich ein Wochenende im Jahr mit seinem besten Kumpel in einem Häuschen am See. Dort wird beim Segeln und einigen Flaschen Rotwein übers Leben gequatscht und das »Logbuch« für das kommende Jahr geschrieben. Ein befreundetes Ehepaar läuft jedes Jahr Teile des Jakobswegs, um dort beim Gehen Gedanken auszutauschen und Ziele festzulegen. Eine Bekannte nimmt sich jedes Jahr im November eine Woche lang abends nichts vor, um bei Kerzenschein auf dem Sofa das kommende Jahr zu planen.

Wovon träumst du?

Wenn du nicht weißt, womit du beginnen sollst, fang mit der Urlaubsplanung an. Lass dich dabei einfach von deinen Wünschen und Träumen leiten. Welchen Ort der Welt wolltest du schon immer einmal sehen? Welche Kultur schon immer einmal entdecken? Gerade an schweren Tagen helfen Gedankenausflüge in eine andere Welt. Ich habe mich jahrelang nach Sri Lanka geträumt. Das war für mich der Inbegriff der Schönheit, nachdem ich irgendwo ein Bild von dem Land gesehen hatte. Als meine kleine Schwester vor einigen Jahren bei einem Unfall ums Leben kam, habe ich diesen Traum wahrgemacht. Dort konnte ich tatsächlich loslassen und meinen Frieden finden. Vielleicht hast du auch einen Ort, der dich magisch anzieht, aber du hattest bis heute keine Möglichkeit, ihn kennenzulernen. Dann schreibe ihn auf deinen Jahresplan für das kommende Jahr. Oder – wenn du dafür einige Zeit sparen musst, weil die Reise teurer wird – für ein bestimmtes Jahr in der Zukunft.

Wenn du dir Zeit für deinen Jahresplan nimmst, wirst du merken, dass es einiges gibt, was du

»Pläne machen und Vorsätze fassen bringt viel gute Empfindungen mit sich.«

Friedrich Wilhelm Nietzsche

gerne machen möchtest. Größere Dinge wie eine Reise oder kleinere wie regelmäßigere Treffen mit Freunden. Schreibe alles auf, was dir Freude bereitet. Zum einen füllst du dein Hirn mit schönen Dingen, und damit fehlt der Platz für graue Gedanken. Zum anderen kannst du dich daran festhalten, wenn der Sturm des Lebens zu arg über dich hinwegfegt. Allein die gedankliche Beschäftigung mit Dingen, die man gerne tun würde, verbreitet gute Stimmung. Umso mehr natürlich, wenn man diese Dinge dann auch umsetzt.

Bringe deine Träume ins Leben

Doch wie kriegt man Träume ins Leben? Indem man sie möglichst genau plant. Je genauer und detaillierter du die Pläne recherchierst und niederschreibst, umso größer die Chance, dass du sie auch wahr machst. Du willst deine Freunde regelmäßiger sehen? Dann überlege dir eine gemeinsame Aktivität. Spielt ihr alle gerne, dann plane gemeinsame Spieleabende. Oder lade zu »Kamingesprächen« ein. Eine DVD mit Kaminfeuer, ein paar Stühle zusätzlich zur Couch rund um den Fernseher, und schon hat man eine tolle Möglichkeit, ohne großen Aufwand ganz gemütlich mit Freunden zu plauschen. Wenn du eine Idee hast, dann finde auch gleich einen Termin, wann du damit anfangen willst. Denn sonst verschiebst du von Woche zu Woche, und am Ende des Jahres hast du nichts umgesetzt.

Das Gleiche gilt, wenn du etwas Neues lernen willst. Recherchiere, wo und wann das möglich ist. Für einen Sprachkurs, einen Tanzkurs oder eine Fortbildung muss man sich rechtzeitig anmelden. Und dann gehe diesen Schritt auch. Ich weiß nicht, wie viele Ideen immer wieder hin- und hergewendet werden, um auf den entscheidenden letzten Metern der Anmeldung zu sterben. Wage es einfach – auch wenn du nicht sicher bist, ob es das 100-prozentig Richtige für dich ist. So ein Kurs ist keine Heirat. Selbst wenn es nicht so toll wird wie erwartet, ist es nach ein paar Wochen vorbei. Vielleicht hilft dir dieser Gedanke:

Am Ende eines Lebens bereut man meist nicht das, was man getan hat. Sondern das, was man nicht getan hat.

Du kannst mit deinen Planungen natürlich weit über »Urlaub« und »Privatvergnügen« hinausgehen. Du kannst planen, wo du beruflich im kommenden Jahr hinwillst, was du erreichen willst. Diese Pläne können dir an grauen Tagen als Leitplanken dienen, die dir zeigen, wo der Weg für dich langlaufen kann. Denn gerade an grauen Tagen fällt uns oft gar nichts ein, wie wir ein bisschen Sonne in unser Leben bringen können. Ein Blick auf deinen Jahresplan kann helfen. Natürlich geht das Leben oft seinen eigenen Weg, und du wirst nicht alles von deinem Plan umsetzen können. Das ist völlig okay so. Denn bei allen Zielen, die man sich setzt, sollte man ruhig ein wenig flexibel bleiben. Wenn man locker bleibt, kann man die Wellen des Lebens leichter surfen und so auch Gelegenheiten nutzen, die sich links und rechts des Weges bieten. Ich halte es beim Pläne-Machen mit der Bambus-Strategie. Hart genug, um schöne Dinge zu planen und sie ins Leben zu bringen. Und biegsam genug, um sie bei Bedarf zu verändern.

Die Magie der Raunächte

Um Jahrespläne zu schmieden, eignet sich eigentlich jede Jahreszeit. Viele machen es im November, um ein wenig Licht in diese trübsinnige Zeit zu bringen. Eine besonders magische Zeit, um Pläne zu machen, ist die zwischen den Jahren: in den sogenannten Raunächten. Das sind die zwölf Nächte ab dem 25. Dezember. Diese Zeit hat schon immer die Fantasie der Menschen angeregt. Im europäischen Brauchtum wird ihnen eine besondere Bedeutung zugemessen. So soll in dieser Zeit das Heer Odins oder Wotans über den Himmel jagen und sein Unwesen treiben. Wilde Geschichten kursierten damals. Es durfte keine weiße Wäsche auf die Leine gehängt werden, denn die würden die wilden Reiter stehlen, um sie im Laufe des Jahres als Leichentuch für den Besitzer zu benutzen. Wäscheleinen sollten erst gar nicht gespannt werden, denn darin hätte sich die sogenannte Wilde Jagd verfangen können. Frauen und Kinder sollten das Haus nach Einbruch der Dunkelheit besser nicht mehr verlassen.

Viele furchteinflößende Storys wurden damals zum Besten gegeben. Der Grusel endet in der Nacht auf den 6. Januar. Dann ziehen sich die stürmischen Mächte der Mittwinterzeit wieder zurück. Doch so dunkel die Nächte, so klar stellt sich die Zukunft dar. Die Raunächte sollen auch für das Befragen von Orakeln gut sein. Tiere im Stall sollen in so mancher Raunacht mit menschlicher Stimme über die Zukunft erzählen. Leider stirbt aber derjenige, der die Tiere hören kann, unmittelbar danach.
Doch trotz dieser mystischen Geschichten laden die Raunächte mit ihrer Stille auch zur inneren Einkehr ein. Sie bieten Raum für eine Rückschau und eine Vorschau. Was lief gut im vergangenen Jahr, und was möchte ich verändern? Dabei steht jede der 12 Raunächte für einen Monat des neuen Jahres. Träume oder Ahnungen oder Wünsche, die man in den Raunächten hat, sollen in dem Monat, der der Raunacht zugeordnet wird, ins Leben kommen. Es gibt einige Bücher, in denen du mehr über die alten Bräuche und magischen Rituale nachlesen kannst.

Vom Plan IN DIE TAT – *tu es einfach!*

Du hast du dich in den letzten Abschnitten ausführlich damit beschäftigt, wie du dir deine Zukunft vorstellst, was dir wichtig ist und worauf du verzichten kannst und willst. Jetzt kommt der Punkt, an dem du von der Theorie in die Praxis springen kannst. Das ist oft die größte Hürde, aber wenn du dein Ziel – ein entspannteres Leben mit mehr Zufriedenheit und vielen sonnigen Tagen - immer vor Augen hast, wird dir dieser Sprung gelingen.

Jedes Jahr am 31. Dezember fassen Millionen von Menschen gute Vorsätze für das neue Jahr, nur um sie bereits wenige Wochen, Tage oder auch nur Stunden später wieder aufzugeben. Die Gründe dafür sind immer dieselben: Das Projekt ist zu groß. Oder man hat die Umsetzung schlecht oder gar nicht geplant. Oder die alten Gewohnheiten sind einfach stärker. Oder alles zusammen. Damit es dir bei der Neugestaltung deiner Zukunft nicht so ergeht wie vielen zu Beginn eines neuen Jahres, solltest du wissen, welche Fallen auf dich warten und wie du diese umgehst.

Pläne schmieden viele gern. Doch dann hapert es oft an der Umsetzung. Warte nicht auf den perfekten Zeitpunkt. Lege einfach los.

Erste Falle: Das Projekt ist zu groß

In dem Kapitel »Male das Bild deines perfekten Lebens« hast du bestimmt viele schöne Bilder gezeichnet oder geklebt. Da es sich ja um dein PERFEKTES Leben handelt, hast du vermutlich das eine oder andere gefunden, was jetzt nicht perfekt ist und was du gerne ändern möchtest. Im Beruf genauso wie in deinem Privatleben.

Wenn du jetzt den Anspruch hast, in allen Bereichen gleichzeitig an die Arbeit zu gehen, kann es schnell zu viel werden. Aus eigener Erfahrung weiß ich, dass man es dann in keinem Bereich richtig machen kann. Mittlerweile habe ich gelernt, dass ich eine »Baustelle« nach der anderen aufmachen muss. Und erst, wenn ich eine beendet habe, kann ich mich an die nächste wagen. Sonst

»Machen ist wie wollen. Nur krasser.«

Unbekannt

habe ich nämlich ganz schnell verschiedene Projekte angefangen und lasse sie halbfertig stehen, weil ich meine Energie schon ins nächste Projekt stecke. Suche dir also aus dem Bild deines perfekten Lebens ein Projekt aus, das du als Erstes angehen möchtest. Ist es eine kleinere Veränderung, kannst du gleich beim nächsten Schritt weitermachen.
Für größere Veränderungen musst du noch ein paar Zwischenschritte gehen.
Wie bekommt man ein Flugzeug durch eine Tür? In Einzelteilen natürlich. Dieser Gedanke hilft dir vielleicht, größere Veränderungen anzugehen. Wenn ein Projekt auf den ersten Blick zu groß erscheint, kommt schnell das Gefühl auf, es nie schaffen zu können. Doch manche Veränderungen sind eben größer und benötigen mehr Zeit, Geduld und Energie. Um dennoch schneller Erfolge sehen zu können, hilft es, wenn du das Flugzeug in seine Teile zerlegst, oder anders ausgedrückt: wenn du das Projekt in kleinere Einzelziele unterteilst.
Du willst in Zukunft schlanker und sportlicher sein? Oder einen Schrebergarten pachten und ihn bewirtschaften? Oder in eine schönere, hellere Wohnung umziehen? Dann lege kleinere Zwischenziele fest. Ein Umzug besteht ja nicht nur daraus, eine neue Wohnung zu finden. Dein Hausstand muss ausgemistet und eingepackt werden. Noch bevor du eine neue Wohnung gefunden hast, kannst du ein Wochenende einplanen, um den Keller oder selten genutzte Sachen zu durchforsten. Viele, die sich vornehmen, umzuziehen, schauen einige Male in die Zeitung oder ins Internet. Und wenn sie dann nicht innerhalb von ein paar Wochen die passende Wohnung gefunden haben, ruht das Projekt für die nächsten Jahre. Viele kleine Ziele, die du nacheinander erreichst, ergeben am Ende wie bei einem Puzzle dein großes Ziel.

Zweite Falle: Die Umsetzung wurde schlecht oder gar nicht geplant

Eine Idee zu haben, wie man sein Leben verbessern kann, ist etwas Wunderbares. Doch ohne einen konkreten Umsetzungsplan verpuffen die Ideen auf halber Strecke. Hier gilt das, was ich schon an anderer Stelle in diesem Buch geschrieben habe: Je konkreter du planst, desto größer ist die Chance, dass du das Projekt auch umsetzt.

Mach dir eine Liste mit allen Tätigkeiten, die du tun musst, um dein Ziel zu erreichen.

Hinter jede Tätigkeit schreibst du (bei regelmäßigen Tätigkeiten wie Sport) den Wochentag oder (bei unregelmäßigen Tätigkeiten) ein konkretes Datum.

Notiere dir außerdem, ob dich jemand bei der Tätigkeit unterstützen kann, und wenn ja, wer.

Achte darauf, dass dein Zeitplan gut umzusetzen ist. Verplane nicht mehr als drei Termine pro Woche. Du benötigst schließlich auch noch Zeit für deinen Alltag, der weiterläuft. Plane auch genügend Mußestunden ein. Denn auch Stress torpediert viele schöne Projekte.

Dritte Falle: Die alten Gewohnheiten

Wer schon einmal ein Loch in eine Wand gebohrt hat, kennt das Phänomen: Wenn man neben einem bestehenden Loch ein neues bohren will, ist die Gefahr groß, in das alte Loch abzurutschen. So ähnlich ist das mit Gewohnheiten. Es ist leicht, immer wieder in die Verhaltensmuster zu verfallen, die man schon seit Jahrzehnten kennt, auch wenn man weiß, dass sie einem nicht guttun. Deswegen ist es wichtig, sich vorher Gedanken darüber zu machen, wie man den alten Gewohnheiten ein Schnippchen schlagen kann. Dazu erhältst du im nächsten Abschnitt weitere Impulse.

Lagom – das schwedische, wundervolle Mittelmaß

Wenn man vom Planen ins Tun kommt, fällt man gern von einem Extrem ins andere. Vom Fleischesser zum Veganer, von der Couch-potato zur Sportskanone, vom Workaholic zum Freizeitguru – das funktioniert nur selten nachhaltig, auch wenn du noch so motiviert bist. Um deine Pläne wirklich umzusetzen, orientiere dich doch an dem »Lagom-Lifestyle«, der in Schweden gelebt wird und seit einiger Zeit auch bei uns Freunde findet. Lagom bedeutet »genau im richtigen Maß« – zwischen Stress und Entspannung, zwischen Arbeit und Freizeit, zwischen Alleinsein und Gemeinsamkeit, zwischen Überfluss und Verzicht. Es steckt eine Haltung vieler Schweden dahinter: die Abneigung gegen Extreme und die Vorliebe für ein gesundes Mittelmaß. Ob bei der Lebenseinstellung, beim Kleidungs- oder Einrichtungsstil: Die Schweden setzen auf weniger, aber auf bessere Qualität. Das Motto lautet: Nicht zu viel vom einen oder vom anderen. Und dieses Motto gilt für alle Lebenssituationen. Eigentlich geht es um das Streben nach dem idealen Gleichgewicht im Leben. Und zwar in deinem Leben. Das bedeutet: Du wirst etwas anderes als genau richtig empfinden als deine Freunde, Kollegen oder Familie. Beim Umsetzen deiner Pläne ist das eine gute Messlatte: nicht von einem Extrem ins andere, sondern das machen, was dich in deine Mitte führt – ein bisschen mehr von dem einen und dafür an anderer Stelle etwas weniger.

Herzlich WILLKOMMEN, *neue Gewohnheiten*

Noch einmal ganz von vorne anzufangen – diesen Wunsch kennst du vielleicht auch. Ein Wunsch, der unerfüllbar ist, denn »ganz von vorne« kann keiner anfangen. Aber den einen oder anderen neuen Weg kannst du einschlagen, wenn du eh gerade dabei bist, deine Zukunft zu gestalten. Was du dafür brauchst? Neue Gewohnheiten, die die alten, ungeliebten Gewohnheiten ablösen.

Der Mensch ist ein Gewohnheitstier. Vieles tun wir nur aus einem einzigen Grund: weil wir es schon immer so getan haben. Unterstützt werden wir dabei von unserem Hirn, das Gewohnheiten geradezu liebt.

Zwischen 30 und 50 Prozent aller Handlungen, die wir tagtäglich machen, sind durch Gewohnheiten bestimmt. Denn bei Gewohntem müssen wir weder bewusst noch achtsam sein. Gewohnheiten strengen unser Hirn nicht an, es spart dabei Energie. Leider unterscheidet das Hirn nicht zwischen guten und schlechten Gewohnheiten und belohnt uns für jede gewohnte Handlung, indem es Botenstoffe ausschüttet, die wir als besonders angenehm empfinden. Wenn wir also schon immer lieber auf der Couch lagen, als Sport zu treiben, ist es viel leichter, jeden Regentropfen als Ausrede zu nutzen, nicht laufen zu gehen. Die Belohnung vom Hirn folgt sofort. Und genau das

macht es so schwer, aus dieser Gewohnheits-Dauerschleife rauszukommen.

Wie du dein Gehirn austricksen kannst

Wenn du etwas ändern möchtest, dann warte nicht auf die beste Gelegenheit. Beginne damit sofort. Die beste Zeit ist: jetzt. Zum Beispiel finde ich die Fastenzeit eigentlich ganz sinnvoll, um für einige Zeit auf Alkohol zu verzichten. Aber die offizielle Fastenzeit passt mir gar nicht so gut in mein Leben. Ich faste lieber gleich nach den üppigen Tagen im Dezember. Und gestehe mir an den Abenden, an denen ich im Januar und Februar Fastnacht feiere, Ausnahmen zu.
Mach dir die Technik der Spitzensportler zu eigen. Die stellen sich mental den Weg zum Ziel vor. Wenn also ein Skispringer oben auf der Schanze kurz vor dem Absprung die Augen schließt, dann betet er nicht. Er stellt sich die Abfahrt vor und sieht vor seinem inneren Auge den Punkt, an dem er abspringen muss. Er geht gedanklich den ganzen Flug durch, wie er durch die Luft fliegt und wie er ankommen wird. Diese Technik kannst du auch nutzen. Stell dir vor, was sich zum Besseren gewandelt hat, wenn du dein Ziel erreicht hast. Wie du dich fühlen wirst und wie dein Leben dann aussieht. Überlege dir auch, an welchen Stellen des Weges Gefahren oder Fallen lauern könnten und wie du damit umgehen wirst. Wenn du

> »Eine Angewohnheit kann man nicht aus dem Fenster werfen. Man muss sie die Treppe hinunterboxen, Stufe für Stufe.«
>
> Mark Twain

dich so wappnest, kann dich weniger negativ überraschen.

Andere können dir helfen, neue Gewohnheiten zu etablieren

Die beste Möglichkeit, sich neue Gewohnheiten anzueignen, ist die soziale Kontrolle. Anderen gegenüber einzugestehen, dass man den Diät- oder Sportplan nicht eingehalten hat, ist viel schwerer, als wenn man die Pleite nur sich selbst gegenüber zugeben muss. Deswegen ist ein Laufpartner oder eine Abnehmgruppe absolut sinnvoll, wenn du neue Gewohnheiten in dein Leben bringen willst.

Vergiss die Siebenmeilenstiefel und freu dich über jeden Babyschritt. Jede kleine Veränderung ist ein Schritt in die richtige Richtung. Fang mit kurzen Sporteinheiten an. Lieber machst du zweimal die Woche nur 20 Minuten als gar nichts. Wenn du dich gesünder ernähren willst, beginne mit einem Essen am Tag. Vielleicht frühstückst du ab sofort Obstsalat statt Brötchen mit Marmelade. Wenn du neue Menschen kennenlernen möchtest, gehe zweimal im Monat zu Veranstaltungen, bei denen man die Möglichkeit bekommt, mit anderen zu reden. Wenige kleine Handlungen bringen dich deinem Ziel auf jeden Fall näher, als wenn du dir den großen Berg vornimmst und dann vor lauter Schreck über die Größe der Aufgabe in Tatenlosigkeit erstarrst.

Vermutlich wird es vorkommen, dass du an irgendeinem Punkt doch wieder in alte Gewohnheiten zurückfällst. Das passiert jedem, und zwar meist nicht nur einmal. Eine neue Gewohnheit kann nur Stufe für Stufe in dein Leben einziehen. Wenn du also wieder einmal ein paar Stufen lang in alte Gewohnheiten zurückgefallen bist, bleibe nicht stehen, sondern wage es erneut, deine Ziele anzugehen.

Trau dich!

Und jetzt noch ein Tipp für die Momente, in denen du total verzagt aufgeben möchtest, weil die Gewohnheit dich am Platz hält, weil deine inneren Kritiker oder Antreiber oder deine Ängste keine Veränderungen zulassen: Mach einfach mal die Augen zu und spring. Trau dich: Einfach mal eine Aufgabe im Job ablehnen oder länger dafür brauchen. Einfach mal früher Feierabend machen und die Zeit mit anderen genießen. Einfach mal nicht alles für andere tun. Einfach mal anfangen, etwas anders zu machen. Auch wenn es erst einmal gegen deine lang gepflegten Überzeugungen geht. Ich weiß, allein der Gedanke macht Angst. Neben der Angst meldet sich meist auch noch das schlechte Gewissen, das uns einflüstert, dass wir andere enttäuschen, wenn wir etwas für uns machen. Dann halte dir Augen und Ohren zu und wage es dennoch. Denn nur, wenn du dein Verhalten veränderst, kann sich etwas in deinem Leben so entwickeln, wie du es möchtest. Wenn du dann die Erfahrung machst, dass sich dein Leben viel besser anfühlt, hast du auch gute Argumente, wenn sich dein schlechtes Gewissen wieder meldet. Hier gilt: Je mehr positive Erfahrungen du sammeln kannst, desto leichter wirst du neue, gute Gewohnheiten in deinem Leben etablieren.

Drehe die Angst um

Oft halten uns unbestimmte Ängste zurück, etwas Neues im Leben zu wagen. In einem neuen Job könnte man scheitern. Von einer neuen Liebe enttäuscht werden. Nach einer Trennung nie wieder jemanden kennenlernen. Bei Veranstaltungen könnte keiner mit einem reden. Im Sportstudio könnte man sich lächerlich machen. Unser Kopf ist seit 2 Millionen Jahren darauf ausgerichtet, den Gefahren mehr Beachtung zu schenken als den Möglichkeiten, die sich durch eine neue Situation ergeben. Die Angst, etwas zu verlieren, motiviert uns fünfmal mehr als die Chance, etwas zu bekommen. Deswegen versuche einmal, die Ängste umzudrehen, indem du dir vorstellst, was passiert, wenn du die Chancen nicht ergreifst. Was passiert, wenn du im alten Job bleibst? Welche Chancen verbaust du dir, wenn du dich nicht trennst oder dich nicht auf das Abenteuer einer neuen Liebe einlässt? Es ist völlig normal, dass man vor Veränderungen Angst hat. Lass deine Ängste zu, akzeptiere sie, und dann begib dich trotzdem in die neue Situation. Denn Mut bedeutet, Angst zu haben, sie anzuerkennen, sie abzuwägen und dann zu springen. Etwas nicht zu tun, eine Chance nicht zu ergreifen, dir einen Wunsch nicht zu erfüllen – davor solltest du viel mehr Befürchtungen haben.

Verschiedene Studien belegen, dass man ungefähr zwei Monate braucht, um neue Gewohnheiten ins Laufen zu bringen. Also bleib dran.

Mehr Zeit FÜR DAS ECHTE *Leben*

»Ich habe keine Zeit« – kennst du diesen Satz auch? Keine Zeit für schöne Stunden mit Freunden? Keine Zeit für Sport? Keine Zeit für deine Hobbys? Dann schau doch mal genau hin, wo deine Zeit bleibt. Ich habe da eine Vermutung.

Der größte Zeitfresser unserer modernen Welt ist das Handy. Laut Untersuchungen entsperrt jeder Deutscher sein Handy täglich 80 bis 90 Mal, also durchschnittlich alle 12 Minuten – wenn man von 8 Stunden Schlaf ausgeht. Da viele Menschen aber weniger schlafen und einige ihr Handy weniger nutzen, kommen viele auf eine längere Nutzung. Wie ist denn deine »Beziehung« zu deinem mobilen Telefon? Gehörst du auch zu denen, die alle 12 Minuten das Handy anschalten, um nachzuschauen, ob eine Nachricht eingegangen ist oder ob es ansonsten wichtige Informationen im weltweiten Netz oder den sozialen Netzwerken gibt? Natürlich dauert dieses Nachschauen meistens nur ein paar Minuten. Aber selbst wenn du jedes Mal durchschnittlich nur eine Minute am Handy verbringst, hast du am Tag damit bereits 80 Minuten vertan. Wenn man dann noch bedenkt, dass man beim konzentrierten Arbeiten nach jeder Unterbrechung einige Minuten benötigt, um wieder genauso konzentriert weiterarbeiten zu können wie vor der Unterbrechung, kommen schnell einige Stunden zusammen, die man sinnvoller nutzen könnte.

Wenn du nicht sicher bist, wie viel Zeit du am Handy verbringst, kannst du dir eine App installieren, die dir am Ende des Tages anzeigt, wie viele Stunden du an deinem mobilen Telefon verbracht hast. Du wirst vermutlich überrascht sein. Durchschnittlich verbringen Deutsche drei Stunden am Tag an ihrem Smartphone, und vielen ist das gar nicht bewusst. Verschiedene Anbieter, die eine solche App anbieten, habe ich am Ende des Buches aufgelistet. Doch warum verbringen wir überhaupt so viel Zeit mit dem Smartphone?

Oft zücken wir das Handy reflexhaft. Um Wartezeiten oder Momente der Langeweile zu überbrücken. Doch bei vielen ist es bereits eine gewisse Abhängigkeit. Je häufiger es »plingt«, desto wichtiger kann man sich fühlen. Ein guter

Freund von mir hatte jahrelang sein Handy sogar nachts neben dem Bett liegen. Es hätte ja etwas im Job sein können. Er ist aber kein Arzt im Notdienst, sondern Fernsehreporter. Er wurde übrigens nie nachts angerufen, aber durch das viele Piepsen der eingehenden Mails und Kurznachrichten wurde er immer wieder geweckt und bekam dadurch massive Schlafprobleme.

Auf Mails erwarten viele eine SOFORTIGE Antwort

Oft sind es auch soziale Zwänge, die dazu führen, dass das Handy Tag und Nacht online ist. Im Arbeitsumfeld erwartet man, dass jede Mail innerhalb von wenigen Minuten beantwortet wird. Und auch im privaten Bereich rechnen laut einer Studie der Ludwig-Maximilians-Universität München 57 Prozent der Smartphone-Nutzer mit einer sofortigen Antwort von Freunden und Familienmitgliedern.
Wenn du das Gefühl hast, dass dich dein Handy im Griff hat und nicht umgekehrt und du etwas daran ändern möchtest, dann versuche es mit diesen »Regeln«:

Gib dir feste Zeiten für die Beantwortung von Mails und Kurznachrichten vor. Du rennst an deiner Arbeitsstelle ja auch nicht alle zehn Minuten zu deinem Postfach, um nachzusehen, ob Post gekommen ist. Lege fest, zu welchen Zeiten du Mails und Kurznachrichten beantwortest. Gibt es wegen der verzögerten Beantwortung Beschwerden, solltest du mit den Menschen reden. Oft wissen die gar nicht, welchen Druck ihre Erwartungshaltung auslöst.

Das Handy leise zu stellen, bringt auch schon viel, weil dann du bestimmst, wann du das Handy checkst, und du dich nicht von jedem »pling« (ver)führen lässt.

Weise handyfreie Zonen aus. Probiere mal aus, ob es am Esstisch oder im Schlafzimmer nicht auch ohne Smartphone geht. Eine Stunde vor dem Schlafengehen solltest du das Handy ganz ausschalten, damit dein Organismus zur Ruhe kommen kann.

Bei der Umfrage der LMU München gaben 85 % der Befragten an, das Handy praktisch immer und überall mit dabeizuhaben. Allein dadurch nimmt dein Stresspegel zu. Und nicht nur das. Je öfter du aufs Handy schaust, desto unproduktiver wirst du. Bei einem wissenschaftlichen Versuch wurden Testpersonen in drei Gruppen eingeteilt. Die erste durfte das Handy unberührt neben sich liegen lassen, die zweite neben sich in der Tasche verstauen, die dritte musste es aus dem Zimmer verbannen. Das Ergebnis: Je näher das Smartphone lag, desto schlechter war die Konzentration. Allein die Anwesenheit des mobilen Telefons reicht aus, um Aufmerksamkeit abzuziehen.
Deshalb gönne dir in deinem Leben Momente ohne digitale Zeitfresser. Momente fürs echte Leben, in denen du mit deiner Konzentration voll im Hier und Jetzt bist.

Über Geld **REDET** *man nicht?*

Für viele ist es ein lästiges Thema. Geld und Finanzen. Man hat zu wenig Ahnung davon und auch keinen Spaß, sich in die Details zu vertiefen. Deswegen führt das Thema oft ein Schattendasein. Das geht so lange gut, solange die Einnahmen höher sind als die Ausgaben. Doch wenn sich das ändert, weil sich die Lebensumstände ändern, dann merkt man, wie sinnvoll es ist, diesem Bereich ein bisschen mehr Aufmerksamkeit zu schenken.

Meine Tochter lernt in der 10. Klasse gerade, wie man Gedichtinterpretationen auf Französisch schreibt. Beeindruckend. Dafür hat sie von Geldanlagen, Aktien, Steuern und dergleichen keine Ahnung. Und davon wird sie in der Schule auch nichts mitbekommen. So geht es uns allen. Das, was wir über Geld wissen und denken, unsere Einstellung dazu, haben wir meistens vom Elternhaus übernommen.
Wie stehst du zum Thema Finanzen? Kannst du gut mit Geld umgehen, kennst dich aus und hast auch schon einiges auf der hohen Kante? Dann herzlichen Glückwunsch. Wenn dein Konto allerdings öfter im Minus ist, wäre es vielleicht sinnvoll, deinen Umgang mit Geld etwas genauer unter die Lupe zu nehmen. Denn zu einer guten Zukunft gehört auch, dass du dir keine allzu großen Sorgen ums liebe Geld machen musst. Also lass uns über Geld reden.
Nun ist das mit dem Sparen und Anlegen gar nicht so einfach. Vom Babykonto bis zum Rentendepot gibt es ganz unterschiedliche Anlagestrategien für jede Lebensphase. Ich selbst bin keine Finanzexpertin und kann in diesem Buch keine Tipps geben. Aber ich möchte dir ein paar Impulse geben, was du für deine finanzielle Zukunft tun kann.
Überlasse deine Finanzen nicht dem Zufall und keinem anderen. Auch wenn dir das Thema noch so lästig ist, nimm dir einmal ein paar Stunden Zeit, um dir darüber klar zu werden, wie du zu dem Thema stehst und wie wichtig dir deine finanzielle Freiheit ist.
Sei ruhig ein bisschen altmodisch und führe eine Zeit lang ein Haushaltsbuch, in dem du alle Ausgaben aufschreibst. Es ist erstaunlich, wie viel Geld »so nebenbei« ausgegeben wird. Hier

ein Coffee to go für 5 Euro, beim Discounter mal eben ein Schnäppchen für »nur« 10 Euro, und das herabgesetzte T-Shirt für 25 Euro musste auch unbedingt mit. Diese Ausgaben summieren sich im Monat erheblich. Mit einem Haushaltsbuch kannst du dir eine Übersicht – auch über unnötige Ausgaben – verschaffen.
Es gibt viele Bücher, die leicht verständlich das Wichtigste erklären. Damit kannst du ohne Aufwand in deinem Tempo in das Thema einsteigen. Ich selber musste feststellen, dass das Interesse während des Lesens wächst, weil man mit jedem Kapitel ein besseres Verständnis entwickelt. In »Die Geldschule« von Stefan Serret kannst du dein eigenes Wissen zum Thema abchecken und bekommst Schritt für Schritt erklärt, wie man Vermögen aufbauen kann.
Das »Handbuch Geldanlage« von Stefanie und Markus Kühn ist das Standartwerk zum Thema. Die Experten von »Finanztest« haben damit ein Nachschlagewerk und einen Ratgeber zugleich geschrieben.
Glaubst du auch, dass man viel Geld verdienen muss, um reich zu werden? Damit hast du nicht unrecht. Das heißt aber nicht, dass man mit wenig Geld nicht auch ein kleines Vermögen anhäufen kann. Hier kommt es darauf an, dass du möglichst früh möglichst regelmäßig sparst. Mit 200 Euro monatlich kannst du in 15 Jahren um die 60.000 Euro ansparen. Mit einem sogenannten ETF-Sparplan lässt sich ein »Pantoffel-Portfolio« aufbauen, bei dem ganz unterschiedliche Laufzeiten – bis zu 50 Jahren – möglich sind. Doch auch hier gilt wie für alle Geldgeschäfte: Informiere dich, welche Kosten und Risiken auf dich zukommen, bevor du etwas kaufst.
Den größten Fehler, den du in finanzieller Hinsicht machen kannst, ist, Konsumkredite aufzunehmen. Also Kredite, um einen Fernseher oder einen Urlaub zu bezahlen. Natürlich ist es großartig, wenn man sich ab und zu etwas leistet. Aber besser wäre es, wenn du dir im Rahmen deiner finanziellen Möglichkeiten Dinge kaufst. Wenn du es schaffst, keine Konsumkredite mehr aufzunehmen, sondern monatlich kleine Beträge für deine Wünsche zurücklegst, wirst es dir viel mehr Spaß machen, (auch) deine finanzielle Zukunft zu planen.

Übungsanleitung

Ausreichend Geld zur Verfügung zu haben, ist nicht nur eine Frage des Einkommens. Es hat auch viel mit unserem Denken zu tun. Davon ist Finanzmentorin Carmen Stephan überzeugt. Bei ihren Beratungsgesprächen geht es deswegen nicht nur um Geldanlagen, sondern auch um Glaubenssätze und die persönliche Einstellung zu Geld. Ihre wichtigsten Tipps, wie du eine erfolgreiche Einstellung zu deinen Finanzen bekommen kannst, sind folgende:
Die 3-Phasen-Methode für das Erlernen neuer Denkweisen von Carmen Stephan

Mit der folgenden Übung lernst du, deine Wahrnehmungsfilter neu auszurichten und dein Bewusstsein auf Reichtum und Wohlstand zu programmieren.

1. Mach dir deine persönlichen Glaubenssätze bewusst.
Gehe in Ruhe gedanklich zurück in deine Kindheit. Lass Bilder aufsteigen von Situationen, in denen über Geld gesprochen wurde. Nun mach dir die Botschaften bewusst, die du in dieser Situation erhalten hast. Welches Gefühl war damit verbunden? War es ein angenehmes Gefühl von Vertrauen, Fülle und Liebe?
Oder war es negativ – ein Gefühl von Angst, Mangel oder sogar Scham? Vielleicht wirst du bis heute immer noch an diesen einen Satz von früher erinnert. Versuche, die Botschaft herauszufinden, die deine heutige Einstellung zu Geld am besten wiedergibt.

2. Formuliere neue Glaubenssätze.
Im nächsten Schritt formulierst du diese Sätze aus der Vergangenheit um und lässt einen neuen, stimmigen Satz entstehen.

- Alter Glaubenssatz: »Geld verdirbt den Charakter.«
  Neuer Glaubenssatz: »Geld stärkt mich und tut mir gut.«

- Alter Glaubenssatz: »Alle Reichen sind Gauner.«
  Neuer Glaubenssatz: »Reiche Menschen können viel Gutes tun in der Welt.«

- Alter Glaubenssatz: »Geld allein macht auch nicht glücklich.«
  Neuer Glaubenssatz: »Geld dient mir, und für mich ist stets gesorgt.«

Finde deine ganz persönlichen neuen Überzeugungen, die sich für dich gut anfühlen. Mach dir dafür klar, welche Rolle Geld in deinem künftigen Leben spielen soll. Was genau möchtest du erreichen? In welcher Form soll dir Geld dienen? Schreibe deine neuen Sätze auf, lies sie immer wieder durch und höre in dich hinein, wie sich deine neuen Sätze anfühlen.

3. Finde Beweise dafür, dass deine neuen Glaubenssätze stimmen.
Im dritten Schritt der Übung gilt es, jeden Tag Beweise dafür zu finden, dass deine neuen Sätze stimmen. Bisher befinden sich deine neuen Überzeugungen nämlich nur in deinem Bewusstsein. Damit sie sich auch im Unterbewusstsein verankern, braucht das Gehirn Beweise dafür, dass deine neuen Botschaften auch stimmen. Die Gehirnforschung geht davon aus, dass es drei Wochen bis drei Monate dauert, bis unser Gehirn eine neue Denkweise erlernt hat.
Wenn du also zum Beispiel den alten Glaubenssatz hattest: »Alle Reichen sind Gauner«, dann könntest du dir anschauen, wie viele Stiftungen für wohltätige Zwecke bereits von reichen Menschen eingerichtet wurden. Oder wenn deine neue Überzeugung lautet: »Ich habe immer genug Aufträge und Kunden und bin von Reichtum und Fülle stets umgeben«, dann lenke als Beweis dafür deinen Blick auf all die guten und fruchtbaren Kundenbeziehungen und Geschäftserfolge, die du bereits erzielt hast.
All die Dinge wachsen, denen wir Aufmerksamkeit schenken. Du entscheidest, ob du den Mangel oder die Fülle in deinem Leben nährst. Ich wünsche dir, dass auch du den Geldfluss in deinem Leben aktivieren kannst.

Mach ANDERE *glücklich*

Ein wichtiger Schritt für ein gutes Leben ist, seine eigenen Bedürfnisse zu (er)kennen und diese – soweit möglich – auch zu erfüllen. Manche gehen dabei einen Schritt zu weit und sehen nur noch sich selbst. Analog zu »Amerika first« heißt es nur noch »ich« und kein bisschen mehr »wir«. Doch dabei ist das »wir« ein weiterer ganz wichtiger Schritt, um gesund und glücklich das Leben zu gestalten.

Kennst du das auch? Du bist »gebeten« worden, beim Streichen der Kita- oder Schulräume deines Nachwuchses mitzuhelfen. Notgedrungen hast du zugesagt und dich missmutig auf den Weg gemacht. Um nach ein paar Stunden Arbeit mit anderen Eltern festzustellen, dass sie echt Spaß gemacht hat, diese gemeinsame Arbeit, für die du kein Geld bekommen hast und die du eigentlich nicht tun wolltest.
Ich kenne keine Eltern, die nicht irgendein Wochenende oder diverse Abende in Kita- oder Schulräumen gemalt, geputzt oder geschraubt hätten. Oder Kollegen, die für Fußball- oder Hockeyturniere Käsekuchen backen und Brötchen schmieren. Menschen, die als Schiedsrichter tätig sind, mit Demenzkranken spazieren gehen oder Geflüchteten Deutschunterricht geben. Ohne einen Cent dafür zu bekommen.
Warum engagieren sich in unserer Gesellschaft 31 Millionen Menschen ehrenamtlich? Auf diese Frage gibt es keine einheitliche Antwort, obwohl schon seit vielen Jahren daran geforscht wird. Ist es überwiegend Egoismus oder Altruismus oder eine Mischung aus beidem? Übernimmt man ehrenamtliche Dienste also in erster Linie für sich oder für andere? Ich denke, letztlich ist das völlig unwichtig. Wichtig ist, dass sie getan werden, denn Ehrenamtliche leisten mit ihrer Arbeit auf der einen Seite einen wichtigen Beitrag für unsere Gesellschaft. Auf der anderen Seite vergrößern sie ihr Glücksgefühl und sollen sogar länger leben. Stefan Klein, Physiker und Philosoph, schreibt in seinem Buch »Der Sinn des Gebens«, dass der Einsatz für andere ähnliche Glücksgefühle freisetze wie Essen oder Sex.

»Viele kleine Leute, an vielen kleinen Orten, die viele kleine Dinge tun, werden das Antlitz der Welt verändern.«

Afrikanisches Sprichwort

Ehrenamtliche Arbeit macht zufrieden

Am liebsten engagieren sich die Deutschen im Bereich Sport, dann folgen Kindergarten und Schule, dann Kultur und Musik. Das geht aus dem Freiwilligensurvey hervor, eine Studie, die alle fünf Jahre im Auftrag des Bundesfamilienministeriums erstellt wird. Dabei hat sich in den vergangenen Jahrzehnten einiges verändert. Waren früher deutlich mehr Männer als Frauen ehrenamtlich tätig, so haben die Frauen mittlerweile nachgezogen und liegen mit den Männern fast gleichauf. Unterschiede gibt es auch bei der Bildung: Je besser ausgebildet, desto eher engagiert man sich für andere. Eine Zahl, die mich sehr überrascht hat: Junge Menschen zwischen 14 und 29 Jahren setzen sich am häufigsten für die Gesellschaft ein, Menschen über 65 Jahre am seltensten. Dabei wirkt sich ehrenamtliche Arbeit gerade auf die Psyche Älterer positiv aus – so die Ergebnisse unterschiedlicher Studien. Ältere Ehrenamtler seien demnach viel zufriedener und seltener niedergeschlagen als Gleichaltrige, die sich nicht sozial engagieren. Wichtig sei aber auch – laut einer europäischen Studie aus dem Jahr 2006 – dass die Ehrenarbeit entsprechend durch Lob oder Dankbarkeit gewürdigt wird.

Doch bei all den Lobeshymnen, die ich hier über das Ehrenamt singe, möchte ich nicht verschweigen, dass ich auch Menschen kenne, die unter ihren ehrenamtlichen Pflichten leiden. Denen es zu viel wird, die sich aber verpflichtet fühlen, weil sie befürchten, wenn sie das Amt niederlegen, wird sich kein anderer dafür finden. So ehrenwert das ist, aber ein Ehrenamt darf nicht zur Dauerbelastung werden.

Deswegen überlege dir, wenn du ehrenamtlich tätig werden möchtest, was du genau tun willst: Möchtest du mit Menschen, mit Erwachsenen oder Kindern oder mit Tieren arbeiten, in der Gruppe mit anderen oder lieber mit wenigen, regelmäßig jede Woche oder lieber nur punktuell? Wenn du das richtige Ehrenamt für dich gefunden hast, dann kann das eintreten, was Stefan Klein beschreibt: Für andere zu sorgen, schützt nicht nur vor Einsamkeit und Depression, sondern macht auch glücklicher und erfolgreicher.

Ist jetzt mal RUHE *da oben!*

Stell dir einmal vor, du würdest tagtäglich in jeder Minute deines Lebens von einem kaputten Radio begleitet. Dieses Radio dudelt permanent vor sich hin. Man kann es nicht leiser stellen und schon gar nicht abstellen. Ziemlich anstrengende Vorstellung, oder? Aber genauso geht es vielen Menschen. Ihr Radio, das sie ununterbrochen mit sich rumschleppen, ist ihr Geist, der nicht aufhören kann zu denken. Wenn du in Zukunft zur Ruhe kommen willst, lerne, deinen Geist zu kontrollieren.

Grundsätzlich ist Denken etwas Tolles. Ich habe immer wieder viele kreative Gedanken, wenn ich mein Hirn einfach laufen lasse. Du kennst das sicherlich auch. Egal, ob es um eine schwierige Herausforderung im Job oder um ein ausgefallenes Geschenk für einen lieben Menschen geht – wenn man lange genug »hirnt«, kommt am Ende oft was Gutes dabei raus. Dumm nur, wenn man auch dann noch über Dinge nachdenkt, wenn man es gar nicht mehr will, wenn man eigentlich einen Moment genießen möchte oder einfach seine Ruhe haben will. Dann sollte man sein Hirn einfach auf »Stand-by« schalten können. Doch das schaffen viele nicht. Sie denken nicht, sie werden gedacht. Und das oft Tag und Nacht. Vor allem nachts übernimmt das Gehirn gern die Regie und gaukelt einem dann auch Dinge vor, die mit der Realität nicht viel gemein haben. Aber in der Dunkelheit und der Einsamkeit der Nacht haben Schreckgespenster leichtes Spiel. Und anstatt sich im Schlaf die Erholung zu besorgen, die man für den nächsten Tag braucht, liegt man hellwach rum und macht sich Sorgen.

Es macht also wirklich viel Sinn, wenn du lernst, dein Denken bewusst zu steuern. Stell dir einmal vor, du könntest dein Gehirn ein- und ausschalten, wie du es möchtest. Wenn du eine Idee brauchst, schaltest du es ein und denkst ein bisschen. Und wenn die Idee gekommen ist, schaltest du es wieder aus und kannst dein Leben im Hier und Jetzt genießen. Wäre das nicht wunderbar? Möglich ist das. Das ist die positive Nachricht. Der kleine Wermutstropfen: Es ist nicht ganz einfach, Nicht-Denken zu lernen. Vor allem dann nicht, wenn man sich schon jahrzehntelang im Dauerdenken befindet. Aber ich finde, die Kunst des Nicht-Denkens zu beherrschen, ist jede Anstrengung wert.

Mach Schluss mit Dauerdenken

Wenn du wirklich aufhören möchtest mit Dauerdenken, dann beginne damit, deiner Umgebung mehr Aufmerksamkeit zu schenken. Beachte auf dem Weg zur Arbeit oder zum Supermarkt, was um dich herum passiert. Wie ist die Farbe des Himmels, wie fühlt sich die Luft an, welche Geräusche hörst du, was riechst du? Wenn du alle Achtsamkeit auf das richtest, was im Moment wirklich ist, kann sich dein Hirn nicht mehr auf Abwege machen. Du denkst also bewusst und wirst nicht gedacht. Wenn du dann einen Schritt weitergehen willst, dann nimm den Raum um dich herum wahr. Also all das, was wir als »Nichts« bezeichnen würden. Nimm den Raum zwischen dir und anderen Menschen wahr oder den Raum zwischen dir und deinem Computer am Schreibtisch. Du kannst jetzt, während du das liest, den Raum zwischen dir und dem Buch wahrnehmen. Und den Raum zwischen dem Buch und dem nächsten Möbelstück. Nimm wahr, was da alles NICHT ist. Wenn du deine Aufmerksamkeit auf den Raum zwischen dir und anderen lenken kannst, wirst du vermutlich eine überraschende Ruhe spüren. Zumindest berichten meine Seminarteilnehmer immer wieder von dieser Ruhe, die sie überkommt, wenn sie das »Nichts« wahrnehmen, und mir ergeht es genauso. Du musst diesen Raum nicht einmal direkt anschauen, es reicht, ihn bewusst wahrzunehmen. Diese Übung hilft mir auch nachts, wenn ich nicht schlafen kann. Ich nehme im Dunkeln den Raum vor meiner Nase wahr und konzentriere mich voll und ganz darauf. Dieser Raum wird mit jedem Atemzug größer und größer, bis ich das »Nichts« im ganzen Zimmer wahrnehmen kann. Die Ruhe, die damit einhergeht, hilft mir oft beim Wiedereinschlafen.

Versuche einmal, weniger zu denken und dafür mehr zu schauen, zu riechen und zu fühlen.

Auch das Hirn braucht Auszeiten

Allerdings muss das Nicht-Denken tatsächlich geübt werden. Eine Klientin von mir war immerzu so eng getaktet, dass sie jede Sekunde gut zu nutzen wusste. Deswegen konnte sie sich keine Minute ohne Denken leisten. Meinte sie. Sie musste erst erkennen, dass ihr Hirn auch mal Auszeiten benötigt, um dann wieder richtig kreativ werden zu können. So wie ein Körper Auszeiten benötigt, braucht auch der Geist ab und zu Ruhe. Die er eigentlich nachts findet. Doch wer auch nachts dauerdenkt, muss tagsüber das Nicht-Denken üben, damit es nachts dann auch wirklich funktioniert. Als meine Klientin das erkannt hat, hat sie sich Zeiten »genehmigt«, in denen sie ungehindert jeden Gedanken denken »durfte«. Aber sie führte auch Zeiten im Tagesablauf ein, in denen sie das Nicht-Denken ganz bewusst übte.

Die beste Möglichkeit, den Kopf ruhig zu stellen

Zum Meister des Hirn-Ein-und-Ausschaltens wird man aber wohl nur durch Meditation. Dieses Wort allein macht viele schon nervös, weil sie es – egal wie sehr sie sich auch bemühen – keine 5 Minuten ruhig auf einem Kissen aushalten. Ich kann das gut verstehen. Ich habe viele Versuche unternommen, das Meditieren zu lernen. Richtig gelungen ist es mir nicht. Aber bei Sandy C. Newbigging habe ich eine Methode gefunden, mit der es mir gelungen ist, meinen unruhigen Geist einzuschläfern. Sandy C. Newbigging beschäftigt sich in seinen Büchern und Seminaren ausschließlich damit, wie man den Geist »entgiften« kann, und hat die CALM-Meditations-Methode entwickelt. Bei der Conscious Awareness Life Meditation, also der Meditation für ein Leben in bewusstem Gewahrsam, verbindet man das »OM« mit neun Fokuspunkten am Körper.
Das Mantra »OM« kommt aus der Sprache der Veden aus dem alten Indien, dem Sanskrit. Das Sanskrit-Alphabet beginnt mit O und endet mit M, das heißt, alles, was mit Worten ausgedrückt werden kann, ist mit dem »OM« gesagt. Eigentlich besteht das gesprochene oder gesungene »OM« aus drei Buchstaben: A – U – M. Jeder Buchstabe steht für einen Zustand. A für Wachen, U für Träumen und M für Tiefschlaf. Frei übersetzt bedeutet »OM«: alles was gewesen ist, was ist und was noch sein wird.
Bei dieser Meditation soll sich der Geist auf ein Wort und einen Körperpunkt konzentrieren. Da hierbei nicht das Nicht-Denken oder das Denken-Loslassen gefordert wird, tun sich viele mit dieser Meditationsmethode leichter. Wenn du also endlich Stille im Kopf spüren willst, kann ich dir diese Methode empfehlen. Ich möchte dich ermutigen, diese Methode wirklich ernsthaft auszuprobieren. Wenn du jeden Tag nur zehn Minuten übst, wirst du sehen, dass du deinen Geist an die Leine legen kannst. Er wird natürlich versuchen auszubüxen und dich mit vielen tollen Gedanken überraschen. Versuche dennoch, allen Verlockungen konsequent zu widerstehen, bei der Sache zu bleiben und dich auf die Worte und die Fokuspunkte zu konzentrieren. Lass deinen Geist nicht herumspringen wie einen Hasen im Feld. Sondern bringe ihn dazu, das zu denken, was du willst. Wenn du deinen Geist unter Kontrolle hast, wirst du nachts besser schlafen. Dadurch bist du auch für die Herausforderungen des Alltags besser gewappnet.

Übungsanleitung

Auch bei der CALM-Methode von Sandy C. Newbigging beginnst du wie bei jeder Meditation, indem du dich bequem hinsetzt und die Augen schließt. Beobachte zunächst für ungefähr eine Minute, was sich gerade gedanklich bei dir im Kopf abspielt.

Nun summe für dich lautlos oder mit Stimme ein »OM«, denke an das Wort Verbundenheit und fokussiere einen Punkt an deinen Fußsohlen. Lass daraufhin alles los (Gedanken und Fokuspunkt) und verharre in dem Moment, bis du bemerkst, dass sich andere Gedanken breitmachen. Dann wiederhole noch einmal das »OM«, denke an das Wort Verbundenheit und konzentriere dich auf diesen Punkt an den Fußsohlen. Lass erneut alles los, bis sich andere Gedanken einschleichen. Diesen Vorgang wiederholst du circa eine Minute lang. Genauso gehst du nun in den folgenden acht Runden vor. Jede Runde beginnt mit einem »OM«, dann denkst du ein bestimmtes Wort und konzentrierst dich auf einen bestimmten Körperpunkt. Anschließend alles loslassen, bis du bemerkst, dass sich andere Gedanken einschleichen.

Die Worte und Körperpunkte im Überblick:

1. »OM«, Verbundenheit, Fußsohlen
2. »OM«, Kraft, untere Wirbelsäule
3. »OM«, Frieden, Solarplexus (oberhalb des Magens)
4. »OM«, Liebe, Herz
5. »OM«, Wahrheit, Kehlkopf
6. »OM«, Klarheit, Stirnmitte
7. »OM« Weisheit, Scheitelpunkt
8. »OM«, Universum, alles um dich herum
9. »OM«, Präsenz, im ganzen Körper

Wenn du jedem Bereich ungefähr eine Minute widmest, kommst du auf zehn Minuten Meditation. Wenn du mehr Zeit hast, kannst du auch jedem Bereich zwei oder drei Minuten schenken. Wenn du weniger Zeit hast, beschränke dich auf ein Wort und einen Körperbereich. Du kannst auch zwischendurch immer mal wieder eine solche Kurzmeditation machen. Sogar mit offenen Augen. Gut wäre es gerade zu Beginn, wenn du es in den ersten vier Wochen schaffen würdest, dich jeden Tag jeweils eine Minute auf jeden Fokuspunkt zu konzentrieren.

Sei DEIN FELS *in der Brandung*

Manchmal erscheint einem das Leben wie ein wildes Meer. Hoch spritzt die Gischt, die Wellen überschlagen sich und nehmen alles, was sie erwischen können, mit in eine dunkle, kalte Tiefe. Wenn man in solch stürmischen Zeiten in Panik gerät, wird es schwer werden, den Kopf über Wasser zu halten. Hier, aber auch in weniger hektischen Zeiten, hilft Gelassenheit. Leider kann man sie nicht kaufen. Aber – gute Nachricht – man kann sie trainieren.

Eine Klientin beschwerte sich kürzlich heftig über ihren Ehemann. Er hatte sie zum Valentinstag zum Essen eingeladen. Sie hatte sich sehr auf den Abend gefreut, weil sie schon länger nichts mehr gemeinsam unternommen hatten. Kurz bevor sie losfahren wollten, lief er wild schimpfend und fluchend hektisch durchs ganze Haus. Er hatte seinen Autoschlüssel verlegt, war fest davon überzeugt, ihn auf der kurzen Strecke zwischen Auto und Haus verloren zu haben, und malte sich bereits in den düstersten Farben einen Autodiebstahl aus. Unterstützung beim Suchen lehnte er mit der Begründung, die Suche sei eh vergebens, ab. Die Stimmung war im Keller, meine Klientin sagte den Tisch im Restaurant ab, der ganze Abend war versaut.

Menschen, denen es an Gelassenheit fehlt, werden oft schon durch kleine Widrigkeiten aus der Spur geworfen. Ein kleiner Windhauch – und schon geht für sie die Welt unter. Klar, dass sie mit größeren Stürmen noch weniger fertigwerden. Nun können wir Stürme und vielleicht sogar Hurrikane nicht verhindern, aber wir können für uns entscheiden, wie wir damit umgehen.

Sorgen und Ängste oder auch nur Gereiztheit und Ungeduld sind keine angenehmen Begleiter. Sie bringen ein Boot mit Sicherheit zum Kentern. Die Kunst der Gelassenheit besteht darin, ausreichend Anker geladen zu haben, die dich fest mit dem Untergrund verbinden. Wenn also mal wieder etwas Unvorhergesehenes passiert, nicht die Nerven zu verlieren, sondern mit klarem Kopf das Gleichgewicht zu behalten. Ein gelassener Mensch reagiert weniger übereilt. Er kann Situationen mit einer gewissen Distanz betrachten, sie neutral bewerten und dann angemessen reagieren.

Was wäre das Schlimmste, das passieren könnte?

Wenn du gern etwas gelassener wärst, kannst du jeden Tag etwas dafür tun. Gelassenheit ist wie ein Muskel, den man trainieren kann. In vielen Fällen hilft schon der Gedanke, was das Allerschlimmste wäre, was in der Situation passieren könnte. Schon dabei stellt man oft fest, dass selbst die allerschlimmsten Auswirkungen gar nicht so schlimm wären. Diesem Gedankenspiel folgt die Frage: Wie realistisch ist es, dass das Allerschlimmste passiert? Spätestens an diesem Punkt erkennt man oft, dass die eigenen wilden Gedanken eher unrealistisch sind. Im Falle meiner Klientin wäre der Abend sicher anders verlaufen, hätte ihr Ehemann gelassener reagiert. Er hätte erkannt, wie unrealistisch es ist, dass der Schlüssel auf dem kurzen Weg, der nur von Nachbarn genutzt wird, von jemandem gefunden wurde, der das Auto hätte stehlen wollen. Mit einer anderen Einstellung als »Den finde ich eh nicht« hätte er den Schlüssel vielleicht auch am Boden der Garderobe unter der Jacke der Tochter entdeckt. Dort hat ihn das Kind nämlich am nächsten Morgen gefunden.

Ein Mantra für ganz schlimme Tage

An Tagen, an denen gefühlt ein Sturm nach dem anderen aufzieht und man sich dem Ganzen überhaupt nicht gewachsen fühlt, hilft mir ein Spruch, den ich einmal gelesen habe: **Jeder noch so schlimme Tag geht irgendwann einmal vorbei.** Diese Aussage ist für mich an Hurrikan-Tagen zum Mantra geworden. In jeder Pause – und sei sie noch zu kurz – schließe ich die Augen und spreche die Worte »Auch dieser Tag geht einmal vorbei« leise vor mich hin. Mein Hurrikan-Mantra ist mein Anker, der mir Kraft und Gelassenheit gibt. Probiere auch du es einmal aus, trainiere deinen Gelassenheits-Muskel, damit Sorgen, Ängste, Gereiztheit und Ungeduld dein Boot nicht zum Kentern bringen.

> »Machen Sie sich Sorgen?«
> »Würde das was nutzen?«
>
> Dialog aus dem Film
> »Kingsman: The Golden Circle«

Geburt – Leben – Zerstörung – Erneuerung
KLEINE AUSZEIT FÜR MEHR GELASSENHEIT

Übungsanleitung

Mit dieser Übung kannst du in wenigen Minuten deinen Kopf leer machen und vermehrst Klarheit, Besonnenheit und Seelenruhe. Mit diesem Kundalini Yoga Mantra bringst du die fünf Elemente in Körper und Geist ins Gleichgewicht. Dabei haben die Silben im Sanskrit folgende Bedeutung: SA – Geburt, TA – Leben, NA – Leben und MA – Wiedergeburt.

- Nimm dir ein paar Minuten Zeit und setze dich bequem hin.
- Schließe deine Augen und atme ein paarmal langsam ein und aus.
- Nun berühre mit dem Daumen der linken Hand den linken Zeigefinger und mit dem Daumen der rechten Hand den rechten Zeigefinger und sage dabei SA. Lass dir Zeit beim Aussprechen der Silben und dehne das »A« jeweils einige Sekunden.
- Berühre als Nächstes mit den Daumen die Mittelfinger und sage dabei TA.
- Nun führst du die Daumen an die Ringfinger und sagst dabei NA.
- Als Letztes berühren die Daumen die kleinen Finger und du sagst dabei MA.
- Wiederhole die Bewegungen mit den Worten insgesamt sechsmal.
- In den ersten beiden Runden sprichst du die Silben SA – TA – NA – MA laut aus.
- In Runde drei und vier sagst du die Silben ganz leise – mehr ein Flüstern.
- In den letzten beiden Runden denkst du die Silben nur noch.
- Wenn du diese kleine Auszeit gern verlängern möchtest, um die beruhigende Wirkung zu erhöhen, dann kannst du die Lautstärke laut – flüstern – denken – flüstern – laut abwechseln, oder du denkst in allen weiteren Runden die Silben.

  Du kannst so viele Runden anschließen, wie du möchtest.

Drei ZUTATEN für die Zukunft

Nun bist du beim Gestalten deiner Zukunft bereits einige Schritte gegangen, hast neue Erkenntnisse gewonnen und herausgefunden, was du wirklich willst. Dennoch lässt es sich oft nicht verhindern, dass sich ungebetene Weggefährten einstellen: Zweifel, Sorgen und vielleicht das Gefühl der Überforderung. In solchen Momenten hilft ein Dreiklang aus Vertrauen, Akzeptanz und dem Blick auf das große Ganze.

Wer einmal beschlossen hat, nicht mehr gelebt zu werden, sondern sein Leben selbst zu gestalten, kann sich munter ans Werk machen. Man kann vieles verändern, und sei es »nur« seine Einstellung zum einen oder anderen. Aber natürlich können wir nicht alles planen. Wie sagte John Lennon so schön: Leben ist das, was passiert, während wir ganz andere Pläne haben. Doch genau in diesen Momenten, in denen uns das Leben in die Quere kommt und die eigenen Entwürfe torpediert, entscheidet es sich, ob wir die Freude und Leichtigkeit verlieren oder ob wir sie retten können – obwohl alles anders läuft als geplant.

In solchen Momenten hilft mir ***ein fantastischer Cocktail aus drei Zutaten: Akzeptiere Veränderungen, vertraue ins Leben und wirf einen Blick auf das große Ganze.***

Wenn du die Zutaten für diesen Cocktail einmal zur Verfügung hast, stehen sie dir für den Rest deines Lebens zur Verfügung. Sie zu beschaffen, ist in manchen Fällen nicht ganz einfach, aber es lohnt sich, hierfür einige Anstrengungen zu unternehmen.

1. Veränderungen willkommen heißen

»Alles fließt«, sagte schon vor 2500 Jahren der griechische Philosoph Heraklit. Daran hat sich bis heute nur so viel geändert, als dass alles schneller fließt. Alles ist ständig im Wandel. Wir werden älter, es kommen Kinder, und diese ziehen wieder aus, es gibt Umzüge, Berufs- und Partnerwechsel. Oft leiten wir die Veränderungen selber ein. Dann ist es leichter, damit umzugehen. Aber genauso oft stoßen uns Veränderungen zu. Diese dann zu akzeptieren und sogar willkommen zu heißen, ist die Kunst. Ich vergleiche das Leben gern mit einem Surfbrett. Wir alle haben eine Vorstellung davon,

wie wir dieses Leben reiten wollen, aber oft genug kommt eine große Welle zum falschen Zeitpunkt. Wenn wir flexibel auf diese reagieren können, wird sie uns tragen. Wenn wir angstvoll der Welle aus dem Weg gehen wollen, wird sie uns vom Brett fegen.
Um zu lernen, Veränderungen zu akzeptieren, kann dir ein Spaziergang in der Natur helfen. Schau dir die Pflanzen und Bäume an und überlege dir, wie oft sie dem Wandel unterlegen sind. Jede Form ist nur vorübergehend – die Blüten im Frühjahr genauso wie die kahlen Äste im Winter. Und das ist gut so. Denn wenn wir das ganze Jahr über die Schönheit der blühenden Pflanzen hätten, würden sie uns nicht mehr so erfreuen können, weil sie einfach immer da sind (außerdem hätten die armen Heuschnupfen-Geplagten überhaupt keine Ruhe mehr). Und dennoch können wir uns sicher sein, dass sie im nächsten Frühjahr nach einem kalten, tristen Winter wieder in aller Pracht kommen werden. Wenn du dich mit diesem Gedanken verankern kannst, dass Veränderungen auch immer wieder Gutes und Schönes hervorbringen, wirst du den Wandel leichter gutheißen können.

2. Vertrauen ins Leben

Und damit komme ich direkt zur zweiten Zutat des Cocktails: Lerne, Vertrauen ins Leben zu haben.
Viele Jahre hatte ich klare Vorstellungen von meinen Wünschen und Zielen. Und ich tat viel dafür, um diese Ziele zu erreichen. Oft war es überaus anstrengend, und es fehlte über lange Strecken Zufriedenheit und Leichtigkeit, aber wenn ich mir einmal ein Ziel gesteckt hatte, wich ich nicht so schnell davon ab. Dumm nur, wenn man dann am Ziel ankommt und feststellt, dass es sich gar nicht gut anfühlt. Dass man dort gar nicht erfüllt und glücklich ist. Dass das Ziel gar nicht das richtige ist. Was dann? Dann ist umkehren und von vorne anfangen schwer. Und dann beißt man sich oft weiter durch, weil man schon so viel investiert hat, um an diesen Punkt zu kommen.
In den Bereichen meines Lebens, die ich nicht aktiv beeinflussen kann, konzentriere ich mich auf das Wünschen. Früher wünschte ich genauso, wie ich mir Ziele gesetzt habe: so genau wie möglich. Ich habe mir also ganz konkret gewünscht, dass dies oder jenes eintreten möge. Und oft war das Ergebnis das Gleiche: Der Wunsch realisierte sich, und ich musste feststellen, dass mein Leben dadurch nicht schöner wurde. Eine Freundin sagte mal zu mir: »Sei vorsichtig mit deinen Wünschen. Sie könnten in Erfüllung gehen.«
Wünsche dir nie, dass es so kommt, wie DU willst, sondern dass es so kommt, wie es kommt – dann wird es gut!
Durch meine Coachingausbildung lernte ich, dem Fluss des Lebens zu vertrauen. Es weiß nämlich oft viel besser, was gut ist und was nicht. Das heißt konkret: Ich wünsche mir nicht

mehr, dass dieses oder jenes eintreten möge, sondern ich wünsche mir (und anderen), dass ich das, was kommt, gut annehmen kann.
In den Fluss des Lebens zu vertrauen, heißt auch, nicht enttäuscht zu sein, wenn das eine oder andere, was ich gern hätte, nicht zu mir kommt. Sondern davon überzeugt zu sein, dass es aus irgendeinem Grund nicht hat sollen sein. Dieses Vertrauen ins Leben, dass es gut ist, wie es kommt, auch wenn ich es zurzeit vielleicht nicht sehen kann, hat mich aus dem ständigen Kampfmodus gebracht. Ich muss nicht ständig unter Strom irgendein Ziel verfolgen und mich wahnsinnig dafür anstrengen. Ich kann mit viel größerer Gelassenheit dem Weg folgen, den das Leben für mich vorgesehen hat.
Das bedeutet aber nicht, dass ich nur auf der Couch liege und abwarte, welche Geschenke mir das Schicksal vor die Füße wirft. Nein, ich bin weiterhin aktiv und gestalte mein Leben und meine Zukunft. Aber ich bin flexibler geworden, kann geplante Ziele verändern, wenn ich merke, dass es zu anstrengend wird oder

»Sorge dich nicht um das, was kommen mag,
weine nicht um das, was vergeht;
aber sorge, dich nicht selbst zu verlieren, und weine,
wenn du dahintreibst im Strome der Zeit,
ohne den Himmel in dir zu tragen.«

Friedrich Schleiermacher

die Hindernisse zu groß werden. Wenn ich zurückblicke auf mein Leben, dann haben sich viele Ereignisse, die ich in diesem Moment als schrecklich und ungewollt empfunden habe, im Nachhinein als gute Fügung herausgestellt. Denke einmal über die Situationen in deinem Leben nach, die du nicht geplant hattest. Wie hat sich dadurch dein Leben verändert? Konntest du die Veränderungen annehmen, oder hast du dagegen gekämpft? Ich bin mir sicher, dass viele (ungewollte) Veränderungen auch ganz viele positive Effekte in deinem Leben hatten. Wenn sich also das nächste Mal eine ungeplante Veränderung in dein Leben einschleicht oder mit Kawumm hereinplatzt, dann versuche, Vertrauen zu entwickeln, dass sich das Leben etwas dabei gedacht hat – auch wenn du das Gute darin erst einmal nicht erkennen kannst.

3. Der Blick auf das große Ganze

Und gerade in diesen Momenten, in denen du das Gute nicht erkennen kannst, hilft oft ein Blick mit etwas Abstand. Wenn das Leben gerade über dich herfällt und die Wellen hochschlagen, ist man emotional mittendrin und hat überhaupt keine Möglichkeit, die Situation objektiv zu prüfen. Und natürlich ist Objektivität ohnehin schwierig, weil es ja dein ganz subjektiver Blick auf dein Leben ist. Dennoch ist der Blick von obendrauf gerade in diesen Momenten sehr hilfreich. Stell dir vor, du blickst von einem sehr hohen Baum auf dein Leben und die Situation herab. Du sitzt da oben sehr sicher, vielleicht in einem Baumhaus, und hast einen klaren Blick auf das, was da unten passiert. Was siehst du aus dieser Distanz? Wie groß ist die He-rausforderung, vor der du gerade stehst, von da oben? Ist sie wirklich so riesig oder gar unüberwindlich? Wenn du deinen Blick von da oben schweifen lässt – was siehst du noch? Gibt es da bunte Flecken in deinem Blickfeld? Sind da vielleicht auch andere Menschen in deiner Nähe, die dir beistehen können, die aber vielleicht noch gar nicht wissen, dass du Unterstützung benötigst? Und gibt es vielleicht auch noch andere Wege, die du erst von da oben erkennst? Manchmal glaubt man, im Trubel der Emotionen und Herausforderungen unterzugehen. Wenn man es dann schafft, ein wenig Distanz zwischen sich und der Situation zu schaffen, indem man »von oben« draufschaut, erkennt man oft, dass alles gar nicht so grau in grau ist, wie man vielleicht gedacht hat. Häufig sieht man durch den Perspektivenwechsel, dass man nicht alleine ist und dass es viel mehr Lösungsmöglichkeiten gibt als

angenommen. Wenn du nicht der fantasievollste aller Menschen bist, kannst du deine Sorgen auch auf einem Blatt Papier visualisieren, es auf den Boden legen, während du selbst auf einem Stuhl stehst. Auf diese Weise kannst du tatsächlich einmal alles »von oben« betrachten.

Wie es dir geht, KANNST DU *maßgeblich beeinflussen*

Auf die Frage »Wie geht es dir?« mit »Am liebsten geht es mir gut« zu antworten, mag auf den ersten Blick ein lustiges Wortspiel sein. Für mich ist es mehr. Für mich ist es eine Lebenseinstellung. Ich habe mich dazu entschieden, dass es mir gut geht – und zwar erst einmal unabhängig davon, was mir das Leben so bietet. Denn ich weiß, wie ich mit Schattenseiten, die nun einmal zum Leben dazugehören, umgehe und wie ich den Weg zurück zur Sonne finde. Das alles liegt für mich in der Antwort »Am liebsten geht es mir gut«.

Wenn es dir auch am liebsten gut geht, dann hast du in diesem Buch hoffentlich einige Impulse gefunden, die dir dabei helfen, allen Widrigkeiten zum Trotz die Sonne zu finden. **Wichtig dabei ist, dass du die Scheinwerfer immer wieder auf dich einstellst und in dich hineinhorchst, damit du rechtzeitig spürst, wenn dir etwas fehlt.** Das Leben ist zu kurz, um von allen geliebt werden zu wollen. Denn dabei gibt man zu viel von sich selbst auf. Außerdem ist es ein Ziel, das man niemals erreichen kann. Man kann nicht von allen geliebt werden. Man selbst liebt ja auch nicht alle. Ein großer Schritt in eine gute Zukunft ist getan, wenn du dich selbst liebst und dich annimmst – so wie du bist.

Ich wünsche dir, dass du immer mehr den Mut findest, auch mal »Nein« zu sagen, dafür immer häufiger »Ja« zu dir und deinen Wünschen. Gestalte dir deine Zukunft, wie sie dir gefällt. Dann haben graue Tage keine Chance mehr.

Dankeschön

Das Schöne am Schreiben ist, dass ich tage- und wochenlang ganz für mich alleine hinwurschteln kann – dennoch wäre dieses Buch ohne andere nicht entstanden. Ohne Lektorin und Redakteurin Heike Mayer wäre dieses Buch ein ganz anderes geworden. Als sie im Laufe des Projektes aus persönlichen Gründen das Team verließ, kam Redakteurin und Lektorin Ilona Daiker an Bord. Mit viel Akribie und einem streng-liebevollen Blick steuerte sie mich in die richtige Richtung.

Ohne die Recherchen von Bärbel Neuhardt wäre dieses Buch niemals pünktlich fertig geworden. Ohne all die Menschen, die mir ihre Herausforderungen anvertrauen, hätte ich keine Beispiele dafür, wie man erfolgreich aus Schattenseiten zurück ins Licht kommt. Ohne meinen wunderbaren Mann Michael und meine geliebte Kindern Thalia und Lorenz hätte ich niemals immer weiter an mir gearbeitet. Ein fettes Dankeschön an all diese wundervollen Menschen.

Über Patricia Küll

Patricia Küll hat ihre berufliche Laufbahn beim Radio angefangen, macht aber nun schon seit über zwanzig Jahren Fernsehen und ist seit einiger Zeit auch beim Medium Buch angekommen. In ihren Büchern verbindet sie das, was sie als Journalistin und diplomierter systemischer Coach am besten kann: anderen bei der persönlichen Weiterentwicklung helfen, indem sie Geschichten erzählt. Deswegen schreibt sie Ratgeber. Über Lebensfreude und Leichtigkeit und über die andere Seite der Medaille: über Lebenskrisen und graue Tage.
Als »LebensWandlerin« hält sie Vorträge zu den Themen »Inner Chance« und »Selbstführung«. Ihr Credo: Selbst.Bewusst.Leben.
Patricia Küll moderiert beim SWR in Mainz das tägliche Live-Magazin »Landesschau Rheinland-Pfalz«, die Kultursendung »LandesArt«, und einmal im Jahr kommentiert sie den ARD-Rosenmontagszug. Daneben ist sie eine gefragte Moderatorin für Veranstaltungen. An der Hochschule Koblenz hat sie einen Lehrauftrag im Fachbereich »Soziale Arbeit«.
Patricia Küll lebt mit Mann und zwei Kindern in Mainz.
Mehr Impulse für ein gutes Leben finden Sie auf ihrem Blog – den Freutagsgedanken – unter www.LebensWandlerin.de
Patricia Küll ist als Vortragsrednerin und Seminarleiterin buchbar.

Literaturverweise und Inspirationen

Zum Thema Schlaf:
Hans-Günter Weeß: Die schlaflose Gesellschaft: Wege zu erholsamem Schlaf und mehr Leistungsvermögen
Tilmann Müller, Beate Paterok: Schlaf erfolgreich trainieren
Dr. Guy Meadows: Schlaf gut! Das Geheimnis erfolgreicher Nachtruhe

Zum Thema Ernährung:
Geo Wissen Ernährung Nr. 4/2017
Deutsche Gesellschaft für Ernährung (DGE) (https://www.dge.de/ernaehrungspraxis/vollwertige-ernaehrung/10-regeln-der-dge/)
Bundesministerium für Ernährung und Landwirtschaft (BMEL)
https://www.bmel.de/DE/Ernaehrung/GesundeErnaehrung/GesundeErnaehrung_node.html

Zum Thema Atmen:
Thich Nhat Hanh: Das Wunder des bewussten Atmens (Der Mönch aus Vietnam stellt 16 Übungen vor)
CD »Pranayama Yoga-Atemübungen« mit Anna Trökes (CD, Argon Balance)

Zum Thema Achtsamkeit und Meditation:
Sandy C. Newbigging: Ruhe im Kopf
Frank Berzbach: Die Kunst, ein kreatives Leben zu führen – Anregung zu Achtsamkeit
John Sarno: Befreit von Rückenschmerzen

Zum Thema Intuition:
Ann Weiser Cornell: Focusing – der Stimme des Körpers folgen
Christian Meyer: Ein Kurs im wahren Loslassen

Zum Thema ehrenamtliche Arbeit:
Stefan Klein: Der Sinn des Gebens

Zum Thema Gewaltfreie Kommunikation:
Übungsgruppen, Seminare, Veranstaltungen und Angebote von und mit TrainerInnen der Gewaltfreien Kommunikation können Sie unter folgenden Adressen finden:
https://www.fachverband-gfk.org/
http://www.gfk-info.de/
https://www.gewaltfrei-dach.eu/verein

Zum Thema Depression:
https://www.deutsche-depressionshilfe.de/files/cms/downloads/studienergebnisse_depression_so-denkt-deutschland.pdf
»Gesund leben«: 12 Wahrheiten über Depression, S. 10–21

Zum Thema Stress:
Entspann Dich Deutschland, TK_Stressstudie 2016 (https://www.tk.de/centaurus/servlet/contentblob/921466/Datei/3654/TK-Stressstudie_2016_PDF_barrierefrei.pdf)
Apps zum Runterladen, die anzeigen, wie viel Zeit du am Handy verbringst:
Menthal von der Uni Bonn (https://www.uni-bonn.de/neues/009-2014)
Qualitiy time (http://www.qualitytimeapp.com/)
Save my time – timetracker (http://savemytime.co/en/)
Offtime (http://offtime.co/de/)

Zum Thema Geld:
Stefan Serret: Die Geldschule
Stefanie und Markus Kühn: Handbuch Geldanlage
Carmen Stephan, Finanzmentorin: https://www.finanzmentoring.de/

Zum Thema alte Verletzungen loslassen:
Seminare zu »The Work«:
http://www.ulrichbuehrle.de/

Quellennachweis

S. 14: Zitat aus: Mary Wortley Montagu: *Turkish Embassy Letters by Lady Mary Wortley Montagu* (Broadview Press); S. 44: Gedicht aus: Joachim Ringelnatz: *Sämtliche Gedichte* (dtb, Band 23467); S. 49: Zitat aus: Cicero: *Wahre Freunde* (Reclam Verlag); S. 54: Zitat aus: Philippus Theophrastus Aureolus Bombastus von Hohenheim Paracelsus: *Gesammelte Schriften*: Studienausgabe in 5 Bänden (Schwabe reflexe, Band 4); S. 57: Zitat aus: Dr. Madan Kataria: *Lachen ohne Grund. Eine Erfahrung, die Ihr Leben verändern wird* (Via Nova); S. 80: Zitat aus: Mihaly Csikszentmihaly: *Flow. Das Geheimnis des Glücks* (Klett Cotta); S. 85: Zitat aus: Hilde Domin: *Nur eine Rose als Stütze. Gedichte* (Fischer tb); S. 103: Zitat aus: Antoine de Saint-Expupéry: *Stadt in der Wüste* (Karl Rauch Verlag); S. 116: Zitat von Louise L. Hay: aus Carole Gaskel: *Der geniale 10 Minuten täglich Leben verändernde Pocket Lifecoach* (mvg Verlag); S. 120: Gedicht aus: Rainer Maria Rilke *Du musst das Leben nicht verstehen*. Schöne Gedichte (marix Verlag); S. 124, Zitat aus: Friedrich Wilhelm Nietzsche: *Menschliches, Allzumenschliches, Band I und II*. (dtv Verlagsgesellschaft); S. 153 Zitat aus: Friedrich Schleiermacher: *Monologe*. Erstdruck 1800. Originaltexte (Verlag von Strecker und Schröder)
In manchen Fällen ist es leider nicht gelungen, die ursprüngliche Fundstelle des Zitats ausfindig zu machen. Der Verlag bittet gegebenenfalls um eine Nachricht, damit bei einer Nachauflage eine korrekte Quellenangabe erfolgen kann.

Bildnachweis

Cover: JordiStock (Foto), ViSnezh / shutterstock (Ornament); S. 2: David W./ photocase; S. 3: Patrick Lienin/ photocase; S. 4: Silas Baisch/ photocase; S. 5:dugdax/ shutterstock; S. 8/9: David W./ photocase; S. 11: antifalten/ photocase; S. 13: nicolasberlin/ photocase; S. 18: johanna wittig/ photocase; S. 22: REHvolution.de/ photocase; S. 24: willma/ photocase; S. 27: Flügelwesen/ photocase; S. 28: Seleneos/ photocase; S. 31: YesPhotographers/ photocase; S. 37: Maria Varoin/ photocase; S. 38: läns/ photocase; S. 44: Ahkka/photocase; S. 47: riskiers/ photocase; S. 50:knallgruen/ photocase; S. 52: Christophe Papke/ photocase; S. 58/59: Patrick Lienin/ photocase; S. 61: Vicuschka/ photocase; S. 64: hello_beautiful/ photocase; S. 71: Michael Schnell/ photocase; S. 77 criene/ photocase; S. 81: Vicuschka/ photocase; S. 84: ndanko/ photocase; S. 89: Grafik: Danai Afrati; S. 91: norndara/ photocase; S. 96/97: Vapi/ photocase; S. 100: complize/ photocase; S. 102: Armin Staudt/ photocase; S. 105: zettberlin/ photocase; S. 106/107: Silas Baisch/ photocase; S. 108: behrchen/ photocase; S. 115: golubovystock/ Shutterstock; S. 116: edwinsmom/ photocase; S. 120/121: melrose/ photocase; S. 123: AlexAlex/ photocase; S. 129: javiindy/ photocase; S. 131: inkije/ photocase; S. 135: manun/ photocase; S. 138: kallejipp/ photocase; S. 141: LBP/ photocase; S. 146: jaikat/ photocase; S. 149: Beate-Helena/ photocase; S. 152: lulukas/ photocase; S. 155: laubat/ photocase; S. 156 Autorenfoto: Monika Werneke

FSC
www.fsc.org
MIX
Papier aus verantwortungsvollen Quellen
FSC® C084279

Umschlaggestaltung: Favoritbuero, München
Umschlagmotiv: JordiStock (Foto), ViSnezh/Shutterstock (Ornament)
Fotos im Innenteil: siehe Bildnachweis S. 158
Ornamente: Fotolia und Freepiks
Layout, Handlettering und Satz: Friederike Niemeyer, Hamburg
Projektleitung, Lektorat und Bildredaktion: Ilona Daiker
Druck und Bindung: Print Consult GmbH, München
ISBN 978-3-95803-143-2